Charles C. Ryrie

Biblische Antworten auf Fragen unserer Zeit

Charles C. Ryrie

Biblische Antworten auf Fragen unserer Zeit

Argumente zu aktuellen Themen und Problemfeldern der modernen Gesellschaft

Ryrie, Charles Caldwell:
Biblische Antworten auf Fragen unserer Zeit

ISBN 3-89436-139-5

Originaltitel: Biblical Answers to Contemporary Issues,
Charles Caldwell Ryrie

Übersetzung: M. Messelken, G. Erkens
Satz: CV Dillenburg
Umschlaggestaltung: E. Platte, Wuppertal
Druck: Ebner Ulm
Printed in Germany

Inhaltsverzeichnis

Vorwort

Dieses Buch dient dem Zweck, zu ergründen und mitzuteilen, was Gottes Wort über die einzelnen, oben genannten Themen sagt. Die Wahl der hierzu besonders zu berücksichtigenden Fragen war mir auf der Grundlage von Fragen, wie sie häufig in Versammlungen gestellt werden unter der Mithilfe von Vorschlägen meines Verlegers überlassen. Man hätte sich leicht noch andere Fragen überlegen können, die hinzuzufügen gewesen wären, wie auch der eine oder andere Aspekt derer, die erörtert werden, noch weiter verfolgt werden könnte. Meinem Vorsatz entsprechend habe ich aber nur die Hauptmerkmale der Probleme aufgezeigt, so wie sie sich Menschen heute darstellen. Manche Kapitel sind grundsätzlich theologisch, andere exegetisch, einige wiederum sind ethisch gefaßt und beziehen sich unterschiedlich auf eine generelle und spezielle Ethik.

Kapitel 1, 2 und 10 sind bereits erschienen (in *Bibliotheca Sacra*), sie wurden aber überarbeitet und mit entsprechender Genehmigung für dieses Buch hinzugezogen. Alle weiteren Kapitel sind neu. Man kann nur vermuten, wieviele verschiedene Ansichten mit den hier vorliegenden Fragen verbunden sind. Ich habe mich daher bemüht, entlang meiner eigenen Meinung, Alternativen darzustellen, obschon es viele Stellen gibt, wo man nicht dogmatisch sein kann. Denn, mag der Leser hier zustimmen oder nicht, für alle von uns ist es zwingend, zu versuchen zu verstehen, was Gott in unserer eigenen Zeit zu diesen Fragen sagt. Die Bibel behandelt nicht alle möglichen Situationen, die auftreten können. Nichtsdestoweniger versucht der weise Christ, Christus gleich zu sein, Gottes Gedanken nachzudenken und liebevoll die Wahrheit auf jede Situation anzuwenden. Hoffentlich wird dieses Buch dem Leser helfen zu verstehen, was die biblische Lehre ist, so daß wir, wenn wir die Wahrheit in Liebe sagen, auf allen unseren Wegen zu dem hinwachsen, der darin unser Meister ist.

1 Die Frage des zivilen Gehorsams

Das Thema »ziviler Gehorsam« oder »ziviler Ungehorsam« hat viele Lebensbereiche unseres Jahrhunderts berührt. Die Tumulte der 60er Jahre brachten Schlagzeilen hervor wie *Neu gegründete »Schulrechtskoalition« gibt Pläne für die Umsetzung der Meinungsfreiheit bekannt* oder *Bibelschüler nehmen an Demonstration teil.* Nach den Ausschreitungen von 1968 sagte Kunstler, der Anwalt von Chicago Sevens: »Wenn Gewalt der einzige Weg ist, soziale Ordnung herzustellen, dann unterstütze ich sie.« Diese Aussage stammte nicht von einem ideologischen kommunistischen Revolutionär in einem fremden Land, sondern von einem Bürger der Vereinigten Staaten von Amerika, der die Gesetze hält. Politiker, Juristen, Soziologen und Pädagogen, sie alle haben sich in die Debatte hineinziehen lassen. Viele Psychologen scheinen sich dem Satz verschrieben zu haben, daß jeder in der Lage sein sollte, seine eigenen Angelegenheiten auf seine eigene Weise zu erledigen, und daß niemand für sein Handeln beschuldigt werden sollte.

Es ist nicht so leicht, klar über die Sache des zivilen Ungehorsams zu denken, wenn zum Beispiel unser Herr Jesus selbst manchmal wie ein Revolutionär dargestellt wird, der sich zu seiner Zeit verschwor, die Regierung zu stürzen. Weil die Demonstrationen der Sechziger heute nicht mehr so verbreitet sind, bietet sich uns die Gelegenheit, einen nüchternen Blick auf das Thema zu werfen. Ist ein Gläubiger jemals zu einem Gesetzesbruch berechtigt, im besonderen unter solchen Umständen, die scheinbar der Liebe, dem wichtigsten Merkmal des Christentums dienen? Wenn es zum Beispiel für Christen im Süden richtig ist, sich zu versammeln, um gegen Alkohol und Glücksspiel zu demonstrieren, sollten dann Christen im Norden nicht das gleiche tun gegen rassistische und soziale Ungerechtigkeit?*

Die Verfechter des zivilen Ungehorsams haben ihre Argumente dargelegt, und wir müssen wissen, was an ihnen richtig oder falsch ist.

Der Einfluß von Henry David Thoreau

Ein Meister des zivilen Ungehorsams war seinerzeit der im 19. Jahrhundert in Neu-England geborene Schriftsteller Henry David Thoreau. Auch heute ist er unter Studenten noch weit bekannt. Als Humanist, der um die Angelegenheiten der Menschen (nicht um die Gottes) besorgt war, nahm er auf viele einen profunden Einfluß. Mahathma Gandhi verbreitete Thoreaus Aufsatz ›Ziviler Ungehorsam‹ als Pamphlet und führte auch selbst während seiner vielen Inhaftierungen durch die britische Kolonialmacht stets eine Abschrift davon mit sich. Die durchdringende Wirkung dieses Aufsatzes beschreibt Walt Whitman, ein Biograph Thoreaus. Er schrieb: »Was mir Thoreau so verbunden macht, ist seine Gesetzlosigkeit - sein Querdenken - sein absolutes Beharren auf seinem ureigenen Weg. ... Es gibt kaum eine Ausgabe

* A.d.Ü.: Es ist unschwer zu erkennen, daß sich dieser Vergleich speziell auf die Situation der Vereinigten Staaten von Amerika bezieht. Das im Norden liegende Chicago war im Staate Illinois in den 20er Jahren der wichtigste Umschlagsplatz für den damals unter Verbot gestellten Vertrieb von Alkoholika und eine Hochburg des ebenfalls verbotenen Glückspieles. Die in den Südstaaten lange praktizierte Sklaverei wurde erst 1865 unter Strafe gestellt und hinterläßt bis heute tiefe Spuren sozialer Unruhen.

irgendeines anarchistischen Magazins in diesem Land oder in Übersee, in dem Thoreau nicht zitiert wird.«

Was sagte und tat nun dieser Mann, der so zur Leitfigur des zivilen Ungehorsams erhoben wurde? Sein berühmter Aufsatz »Die Pflicht zum zivilen Ungehorsam« entstammte einer Nacht, die er im Juli 1846 im Concord Gefängnis verbringen mußte. Man sperrte ihn ein, weil er sich geweigert hatte, seine Steuer zu bezahlen. Auf diese Weise wollte er gegen eine Regierung protestieren, die noch die Sklaverei unterstützte. Drei Jahre zuvor hatte einer seiner engsten Freunde bereits dasselbe getan. Dieses Beispiel lieferte Thoreau offenkundig den ausschlaggebenden Anstoß zu seinem eigenen Protest. Die Stadtwache bot sich zwar an, Thoreaus Steuerschuld zu begleichen, Thoreau jedoch wehrte ihr. Trotzdem beglich des Nachts jemand seine Schuld (man nimmt an, daß es sich um seine Tante gehandelt hat), und der bekundete Regierungsprotest wurde rasch durchkreuzt. In jener Gefängnisnacht wuchs Thoreau aber über sich hinaus. Hier schrieb er seinen bekannten Aufsatz, der zugleich der Versuch war, seinen Fall öffentlich bekannt werden zu lassen. Sein Aufsatz thematisiert keine speziellen politischen Verhältnisse. Vielmehr versucht er den Leser von seiner grundlegenden Abhängigkeit von einem ›hinterlistigen Relativismus‹ (Regierung) zu lösen, mit dem Ziel, ihn sodann zur Erkenntnis einer ungleich höheren Wahrheit (Humanismus) zu führen. Viele Menschen jener Zeit bekundeten auch für den Fall, daß ihre moralische oder gesetzesmäßige Rechtfertigung einmal in Konflikte geraten möge, ihrer Regierung dennoch die Treue zu halten. Thoreau bestand aber darauf, daß es »nicht so sehr erstrebenswert sei, Respekt gegenüber dem Gesetz zu kultivieren, als mehr gegenüber dem Recht.« Die effektivste Methode, das Recht zu verteidigen, bestand seiner Ansicht nach darin, zivilen Ungehorsam zu leisten - Steuerzahlungen zu verweigern, ins Gefängnis zu gehen, ja - sogar Martyrium zu leiden.

Das alles hört sich gut an - und leuchtet unter gewissen Umständen durchaus auch ein - und doch gibt es einen grundlegenden Fehler in Thoreaus Argumentation. Wer nämlich entscheidet, was richtig oder was falsch ist? Sehr wohl mag die Regierung einmal nicht richtig handeln. Kommt dann aber »der naturgegebene Sinn von Gerechtigkeit«, den Thoreau bei jedem Individuum als gegeben ansieht, dem Recht auch wirklich näher? Und wessen individueller Anschauung von Recht müssen wir dann folgen? Herr X und Herr Y mögen jeder in derselben Frage genau entgegengesetzte Stellungen beziehen und von ihrer Richtigkeit jeweils völlig überzeugt sein. Wem folgen wir nun? Und wenn wir mit keinem von beiden übereinstimmen, was machen wir dann? Bei drei Leuten läßt sich ziviler Ungehorsam möglicherweise noch ertragen. Hingegen wären drei Millionen Menschen, die nach dem Prinzip lebten, nur das tun zu wollen, was in ihren Augen gerade richtig erscheint, deutlich zuviele. Unter dieser Voraussetzung könnte ziviler Ungehorsam leicht zur zivilen Anarchie werden, denn es gäbe theoretisch drei Millionen verschiedene Ansichten. Thoreaus Idealismus mag sich gut anhören. Wenn er aber mit seinem Humanismus gekoppelt ist, dann ist er nicht besser als der Mensch, der versucht, ihn zu praktizieren.

Zwei Jahre vor seiner Inhaftierung wegen der Steuersache machte Thoreau noch eine andere Erfahrung, die von manchen Leuten gerne als positives Beispiel herangezogen wird, die ebenfalls mit ihrer Regierung nicht zufrieden sind. Er zog sich in einen Wald an der Küste von Walden Pond zurück. Dieser Wald lag ungefähr anderthalb Meilen von Concord entfernt. Thoreau baute sich dort eine Hütte, legte sich einen Garten an und, einfach ausgedrückt, reduzierte sein Leben für zwei Jahre, zwei Monate und einige Tage auf diesen simplen Stil. Die Erfahrungen, die er dort in Walden machte, hielt er gleich dort schriftlich fest. Er betonte, wie seine Lebensweise immer auch nach außen hin erscheinen möge, sie sei nicht dazu gedacht gewesen, als Vorlage eines alternativen Lebensstils ausgelegt zu werden von denen, die mit ihrer eigenen Existenz unzufrieden waren. Thoreau wollte weder als Fürsprecher derer mißverstanden werden, die leichtfertig ihr Zuhause und ihre Familien verließen, noch verstand er seine zum Ausdruck gebrachte Lebenswahl als eine Ächtung der Gesellschaft. Er isolierte sich in dieser Zeit nicht von seinen Freunden. Regelmäßig besuchte er sie, was keine größeren Umstände bereitete, da er sich nicht weit von ihnen entfernt aufhielt. Bald aber schon verzweifelte er darüber, keinen richtigen Anteil an den sogenannten Errungenschaften der Zivilisation mehr zu haben. Also befürwortete er fortan nicht nur geistliches Wachstum der menschlichen Seele, sondern auch materielles. Zusammenfassend sind seine Erfahrungen in Walden Pond nicht als ein Beispiel dafür anzusehen, wie man sich einer Gesellschaft, in der man lebt, erfolgreich entziehen könnte. Ebensowenig dienen sie in ihrer Art als Vorbild für kommunenmäßige Siedlungen, wie wir sie heute am Rande unserer Gesellschaft gelegentlich beobachten können.

Was Thoreaus Beispiel aber illustriert, ist das, was heute wieder sehr verbreitet unter der Idee einer humanen Ethik aufgekommen ist - nach dieser Idee kann jeder auf seine eigene Weise glücklich werden, ohne dabei auf andere zu achten und ohne gemeinschaftliche Verantwortung zu üben. Hieran entzündet sich die Kernfrage über den zivilen Ungehorsam: Hat das Individuum eigentlich das Recht, und ist es legitim, seine persönlichen Ansichten über die der Regierung zu setzen, die ja immerhin die Lebensumstände aller regelt. Darf also jeder jedem beliebigen Kurs folgen, von dem er glaubt, daß er für ihn persönlich der richtige sei, auch wenn er damit gegen die Vorgaben seiner Regierung handelt? Das philosophische Grundkonzept dazu liefert der Humanismus. Er legt das Fundament zu fast jeder Art von zivilem Ungehorsam, wie er das in unterschiedlichem Maße auch von Selbstlosigkeit und Eigennutz tut. Die rationalen Argumente des zivilen Ungehorsams richten sich nach dem Gedanken: Ist ein Gesetz eindeutig gegen die Verfassung gerichtet, dann muß es gebrochen werden, um auf seine »Ungerechtigkeit« aufmerksam zu machen. Die Frage bleibt aber zurück, wer es entscheidet, daß ein Gesetz der Verfassung widerspricht oder nicht. Ist das die Sache eines einzelnen, oder sollten wir nicht vielmehr kollektiv durch die Entscheidungen unserer Gerichte darin festgelegt werden?*

Entscheidet sich jemand dafür, ein Gesetz zu brechen, um es auf die Probe zu stellen und um dagegen zu demonstrieren, muß er darauf vorbereitet sein, die entsprechende Strafe für sein Handeln zu tragen. Wir leben in einem demokratischen Rechtsstaat, d.h. die Rechtsordnung des Systems ist das Ergebnis der Willensbildung der Mehrheit des Volkes und demnach bindend für alle. Hierbei ist es noch erwähnenswert, daß unser Rechtssystem, wenn ein Gesetz auf diese Weise auf die Probe gestellt wird, nicht einmal mit voller Härte reagiert.

Manche Aktivisten des zivilen Ungehorsams rechtfertigen ihr Handeln damit, daß ihr Mittel die letzte »legale« Möglichkeit sei, um auf etwas in ihren Augen Unrechtmäßiges aufmerksam zu machen. Wer behauptet aber, daß der zivile Ungehorsam dabei legal sei? Diese Anschauung ist völlig subjektiv.

Man könnte leichtfertig davon ausgehen, ziviler Ungehorsam sei immer dann zu akzeptieren (oder sogar zu respektieren), wenn der Ausübende die Bereitschaft zeigt, die Strafe für seinen Ungehorsam selbst zu tragen. Auf den ersten Blick scheint das einen perfekten Kompromiß darzustellen. Allerdings ungeachtet der Tatsache, daß Bestrafung von allen Gesellschaften jeher als eine Vergeltung angesehen wird, die auf ein unrechtmäßiges Handeln legal folgt und nicht als eine respektable Handlungswahl, die jedem offen steht. Mit anderen Worten bewirkt die Tatsache, daß jemand bereit ist, die Strafe zu tragen, nicht, daß sein Verbrechen zu einer vorbildlichen Tat wird.

Das Wort *Verbrechen* führt uns zu einem weiteren Punkt, der von Bewegungen des zivilen Ungehorsams häufig übersehen wird. Verstöße des zivilen Ungehorsams sind Verbrechen!

---

* A.d.Ü.: Vgl. dazu das im Sommer 1995 erlassene und umstrittene bundesverfassungsgerichtliche »Kreuzesurteil« sowie die kontrovers geführten Debatten über die verfassungsmäßige Rechtmäßigkeit von Bundeswehreinsätzen in Ex-Jugoslawien und in Afrika.

Protestaktionen, die sich nach den gültigen Gesetzen der jeweils zuständigen Länder richten und die in diesem Rahmen ablaufen, stellen keine Verbrechen dar. Ziviler Ungehorsam hingegen ist ein Gesetzesbruch, eine illegale Handlung, gleichwohl sie in den Köpfen der Gewalttätigen nicht als eine solche erkannt sein mag.

Die biblische Lehre

Für einen Christen sollte es keine Frage sein, wie er sein Verhältnis zur Regierung festlegt. Er wird hierbei nicht von einer subjektiven oder gefühlsmäßigen Grundlage her bestimmt und tritt auch nicht für die Philosphie einer humanistischen Ethik ein. Klare Weisung gibt ihm allein die Bibel, und sie lenkt alle seine Schritte. Zum Thema »ziviler Ungehorsam« hat sie eine ganze Menge zu sagen.

Die Lehre Christi

Jesus erkennt die zweiseitige Bürgerschaft seiner Anhänger an, indem er sagt: »Gebt dem Kaiser was des Kaisers ist und Gott was Gottes ist« (Mk 12,17). Er macht außerdem klar, daß Gottes Diener um das geistliche Königreich nicht kämpfen werden (Joh 18,36), auch wenn Soldaten einen legitimierten Teil der Ordnung der Reiche dieser Welt darstellen (Lk 3,14). Eine fehlerhafte Betrachtung dieser Unterscheidung hat zu der Annahme geführt, unser Herr sei ein Revolutionär und der Anführer einer zivilen Ungehorsamsbewegung gewesen. Einige sehen in ihm auch heute eine Gefahr für Gesetz und Ordnung. Sie erkennen ihn als einen Verschwörer, der sich gegen die Etablierten und Machthaber dieser Welt verschworen hat. Sicherlich stellte Jesus auch eine Bedrohung dar, nicht aber gegen das politische System Roms, was auch Pilatus deutlich zum Ausdruck brachte (Joh 18,33-38), sondern gegen das System der religiösen Machthaber seines

Landes, die Gott in der Auslegung und Anwendung ihrer Gesetze verkannten. Jesus war weder ein Anarchist, der versuchte, die Römer zu beseitigen, noch verbrachte er seine Zeit damit, gegen ihre politischen Sünden zu protestieren.

Die Lehre der Apostel

Die Apostel vertreten eine klare Linie über die autonome Befehlsgewalt einer Regierung. Paulus befiehlt den Gläubigen, ihr gegenüber unterwürfig zu sein (Röm 13,1-7). Er erklärt dies damit, daß ihre Macht von Gott eingesetzt ist (V. 1: hier ist nicht gesagt, nur bestimmte Regierungen seien von Gott eingesetzt). Jeglicher Widerstand gegen die Regierung bedeutet letztlich Widerstand gegen Gott selbst (V. 2). Die Regierung trägt aber das Schwert und ist Gottes Dienerin, das Böse zu rächen (V. 4). Deshalb mahnt uns unser Gewissen, ihr folgsam zu sein (V. 5). Und folgen wir ihr, dann ist sie Gottes Dienerin uns zum Guten (V. 4). Es gibt keine Ausnahmen, die zivilen Ungehorsam gegen eine Regierung in irgendeiner Weise rechtfertigten.

Als es zwischen Paulus und der römischen Regierung wegen seines apostolischen Dienstes schon zu vielen Verwicklungen gekommen war (Gefängnisstrafen eingeschlossen), ändert er seine ursprüngliche Ansicht über den zu leistenden Gehorsam gegenüber Regentschaften nicht. Er schreibt acht oder neun Jahre später in seinem Brief an Titus ähnlich wie er es in dem Brief an die Gemeinde in Rom dargelegt hatte: »Erinnere sie, staatlichen Gewalten und Mächten untertan zu sein, Gehorsam zu leisten und zu jedem guten Werk bereit zu sein« (Tit 3,1-2). Mißhandlungen durch die Römer konnten ihn demnach von seiner Lehre nicht abbringen (vgl. dazu auch 1Thes 2,2).

Ungefähr zur selben Zeit, als Paulus seinen Brief an Titus schrieb, verfaßte auch Petrus einen Brief, in dem er ebenso betonte, staatlichen Mächten gegenüber unterwürfig zu sein (1Petr 2,13-17). Die Gründe, die er für den geforderten

Gehorsam angibt, laufen darauf hinaus, daß wir mit unserem Gehorsam gegen gottverordnete Regenten unseren Gehorsam Gott gegenüber zum Ausdruck bringen (V. 13). Das ist der Wille Gottes, denn hierin gibt man ein gutes Zeugnis für die Unerretteten ab (V. 15). Dem Petrusbrief zufolge ist unser Gehorsam allen Herrschern und Regenten gegenüber geboten, die von Gott eingesetzt werden. Auch hier finden wir keine Ausnahme, die eine bestimmte Art der Herrschaft ausschlösse. Gar keine Rolle spielt dabei unsere persönliche Ansicht. In der Position, die ein Gläubiger als Diener Gottes einnimmt, ist das Prinzip des zivilen Ungehorsams für ihn unannehmbar. Die biblische Lehre scheint also vom Gläubigen vollständigen Gehorsam gegenüber der Regierung zu fordern.

Die paulinischen Briefe und die des Apostels Petrus wurden beide unter der Herrschaft Kaiser Neros verfaßt (54-68 n. Chr.). Der Brief an die Römer wurde früh, etwa zur Zeit der Feier des fünften Jahres der Regierung Neros verfaßt, die bis dahin von guter Herrschaft und Popularität seiner Person geprägt war. Es wird überliefert, daß Seneca Nero nachsagte, er sei nicht dazu imstande gewesen, Grausamkeiten oder die nötige Härte zur Führung seines Imperiums zu erlernen. Kaiserliche Intrigen, die seine Mutter gegen ihn anhob und 60 n. Chr. zu ihrem Tod führten, änderten Neros Einstellung zum Leben und Regieren definitiv. Er verstrickte sich darüber immer mehr in Ausschweifungen und führte bald darauf das Reich in den Ruin. Am 18. Juli 64 n. Chr. brannte Rom. Was auch immer Neros Rolle dabei gewesen sein mochte, die Massen wollten dafür einen Schuldigen. Um das Mißtrauen gegen sich selbst zu zerstreuen, gab er den Christen in Rom an dem Brand die Schuld. Tacitus beschreibt den Verlauf dieser Ereignisse wie folgt:

> Darum, um das Gerücht zu stillen, das ihn (Nero) in der Schuldfrage immer weiter belastete, peinigte er mit den grausamsten Strafen solche, welche um ihrer Greuel willen vom Volke gehaßt wurden und die sich »Christen« nannten. ... Darum wurden erst die verhaftet, die

> bekannten, daß sie Christen seien. Sodann, als ein Ergebnis ihrer Informationen, wurde eine weitere Anzahl von ihnen hinzugezogen. Nicht so sehr auf Grund des Vorwurfes der Brandstiftung, als dafür, daß sie die menschliche Rasse haßten. Sie starben unter Spott und Hohn; einigen wurde das Fell wilder Tiere angelegt bevor sie von Hunden zerrissen wurden, manche wurden gekreuzigt, andere verbrannt, um als Fackelschein hell in die Nacht zu leuchten. ... Man fühlte, ihre Vernichtung kam nicht so sehr der Wohlfahrt des ganzen Volkes entgegen, als mehr der Genugtuung der Grausamkeit eines Mannes (Nero).[1]

Viele datieren den ersten Petrusbrief in eine Zeit kurz nach dem Beginn der neroischen Verfolgung. Wenn Petrus tatsächlich zu dieser Zeit in Rom war (was nach 1. Petrus 5,13 wahrscheinlich ist), würde dadurch seine Lehre über den zivilen Gehorsam noch sehr viel markanter erscheinen.

Beispiele des Ungehorsams

Gibt es in der Bibel aber nicht auch Beispiele zivilen Ungehorsams? Sagt Petrus denn nicht auch, wir müssen Gott mehr gehorchen als den Menschen (Apg 5,29)? Das stimmt in bezug auf das Synedrium, das zur Zeit Jesu in Israel nicht nur religiöse Macht, sondern auch weithin politische Macht hatte. Es steht für ein legitimes Beispiel dafür, daß der Ungehorsam gegenüber staatlichen Autoritäten im Leben eines Gläubigen sehr wohl dem Gehorsam Gott gegenüber entsprechen kann.

Schadrach, Meschach und Abednego verweigerten Nebukadnezar den Gehorsam, als sie in Konflikt mit dem Erlaß des Königs gerieten, vor seinem Standbild niederzufallen (Dan 3). Auch Daniel gehorchte nicht der Regierung, als er im Exil wegen ihrer Gesetze in Konflikt mit den geoffenbarten Gesetzen seines Gottes geriet (Dan 6). In beiden Fällen bestätigte Gott aber ihre Rechtschaffenheit, indem er sie durch Wunder vor der Bestrafung errettete. Das war nicht immer gegeben: »... *andere aber wurden gefoltert. Andere aber wurden durch Verhöhnung und Geißelung versucht, dazu durch Fesseln und Gefängnis. Sie wurden gesteinigt, verbrannt, zersägt, starben den Tod durch das Schwert, gingen umher in Schafpelzen, in Ziegenfellen, hatten Mangel, Drangsal, Ungemach*« (Hebr 11,35-37). Selbst gerechtfertigter Ungehorsam löscht nicht automatisch die Bestrafung durch die Behörden aus.

In Philippi bestand Paulus darauf, daß die römischen Behörden ihre von Gott zugewiesene Arbeit ordentlich und nicht ungerecht ausführten (Apg 16,37). Man könnte sagen, Paulus war für seine lange Gefangenschaft selbst verantwortlich, denn als man es ihm nahelegte, daß Gefängnis zu verlassen, weigerte er sich, ehe denn nicht die Behörden zu ihm gekommen wären, um sich bei ihm zu entschuldigen. Er nötigte die staatliche Autorität dazu, ihre von Gott bestätigte Aufgabe recht zu erfüllen, denn er war zu Unrecht inhaftiert gewesen.

Wenn die zivilen Gesetze im Gegensatz zu Gottes Gesetzen stehen, dann heißen die Beispiele aus der Bibel es gut, gegen sie zu protestieren oder machen es gar zur Bedingung, gegen sie ungehorsam zu sein. Wenn der Gläubige zu dem Entschluß kommt, daß er seiner Regierung ungehorsam sein müsse, muß er darüber Klarheit haben: Er handelt so, nicht weil die Regierung ihn in seinen Rechten beschnitten hat, sondern weil sie die Gesetze Gottes bricht.[2]

---

1 Tacitus Annalen 15.44.

2 Vgl.: Jaques Ellul, Violence, London SCM, 1970

Zusammenhang von Gehorsam und Autorität

Die Lehre des zivilen Gehorsams ist lediglich ein Teil der umfassenden Lehre der Schrift über die Autorität. Engel, Mächte und Kräfte sind dem Christus unterworfen (1Petr 3,22), jüngere Gläubige sollen sich den Ältesten unterordnen, alle Gläubigen sollen sich im Umgang miteinander in Demut kleiden (1Petr 5,5), die Gemeinde soll sich Christus unterordnen (Eph 5,24), Christus wird sich dem Vater unterwerfen (1Kor 15,28), Sklaven sollen sich ihren Herren unterordnen (1Petr 2,18), Kinder sollen ihren Eltern untergeordnet sein (1Tim 3,4), Frauen ihren Männern (Kol 3,18), Gemeindeglieder sollen sich nach ihren Leitern richten (Hebr 13,7.17) und Gläubige sollen ihrer Regierung unterworfen sein.

Es läßt sich nicht leugnen, daß die verschiedenen Bereiche der Autorität in Beziehung zueinander stehen. Die Übertretung eines geforderten Gehorsams zieht die Übertretung eines anderen nach sich. Und genau das ist es, was sich gegenwärtig in unserer Gesellschaft vollzieht. Der zivile Ungehorsam, der Ungehorsam in der Gemeinde und der Ungehorsam zu Hause stehen miteinander in Verbindung. Ein Christ sollte sich deshalb in allen Bereichen korrekt verhalten. Wenn er einer Autorität unterstellt ist, sollte er ihr gegenüber Gehorsam leisten; wenn er Autorität ausübt, sollte er es in gerechter Weise tun. Heuchelei ist es, wenn ein Christ öffentlich Fälle zivilen Ungehorsams anklagt, ohne selbst im privaten Bereich Gehorsam zu üben.

Die zukünftige Entwicklung des Ungehorsams

Auf vielen Gebieten scheint die Welt rapide auf einem Weg zunehmender Gesetzlosigkeit zu versinken. Wo wird das alles einmal enden? Eine klare Antwort liefert uns die Bibel anschaulich im 2. Timotheusbrief (3,1-5). Achtzehn verschiedene Eigenschaften der bösen Zeit der letzten Tage werden dort angeführt, und die meisten von ihnen spiegeln Gesetzlosigkeit wieder. Blasphemie ist Gesetzlosigkeit gegenüber Gott, Ungehorsam gegenüber den Eltern ist Gesetzlosigkeit in der Familie, ohne natürliche Liebe ist man gesetzlos gegen seinen eigenen Körper, die Übertretung eines Waffenstillstandes bedeutet Gesetzlosigkeit gegenüber dem Feind, Unbändigkeit ist nichts als mangelnde Selbstbeherrschung, was für sich selbst spricht, die Unschuldigen zu unterdrücken heißt Gesetzlosigkeit in bezug auf die etablierte Ordnung, Jähzorn bedeutet Rücksichtslosigkeit und so geht es weiter und weiter. Keine Stadt, kein Land, keine Klasse, keine Institution ist von dieser überhandnehmenden Gesetzlosigkeit ausgenommen.

Ich könnte mir keine bessere Situation vorstellen, in der es ein Diktator noch leichter hätte, an die Macht zu kommen, als in dieser Zeit der Gesetzlosigkeit. Vielleicht haben Sie das Buch gelesen oder den Film gesehen *Aufstieg und Fall des Dritten Reiches*. Die einzelnen Umstände, die zum Dritten Reich führten, hätten niemals zusammenkommen dürfen. Da gab es den unbekannten Fanatiker, den keiner mochte und dem niemand vertraute, außer seiner kleinen Schar von Anhängern. Es gab intelligente, zivilisierte und kultivierte Menschen, die es hätten sehen müssen, was vor sich ging, und es gab eine demokratische Regierung, die ihren Umsturz hätte verhindern müssen. Ohne die damals vorherrschende Gesetzlosigkeit hätten diese Umstände niemals dorthin geführt, wohin sie führten. Auf der Welle der Gesetzlosigkeit wurde Hitler an die Macht gespült. Das Unmögliche geschah, und die gesetzlose Situation wurde durch das Gesetz eines gesetzlosen Diktators ersetzt. Und eben das wird sich in nicht mehr langer Zeit vor einem weltweiten Hintergrund ereignen. Die Gesetzlosigkeit unserer Tage läßt die Welt für die Machtergreifung eines Mannes reif werden, der Ordnung anstelle des Chaos wiederherzustellen verspricht, auch unter Anwendung von Gewalt. Einer wird hierzu aufstehen - allerdings erst, wenn die Gemeinde zum Herrn in die Luft entrückt ist (1Thes 4,17) - und dieser wird paradoxerweise »der Gesetzlose« genannt (2Thes 2,8). Die Geschichte wird sich wiederholen, dann allerdings vor einem viel größeren Hintergrund. Christen dürfen unter keinen Umständen zu diesem Klima der Gesetzlosigkeit in irgendeinem Bereich beitragen.

Sollten daher nicht die Christen die Führung übernehmen, um die gesellschaftlichen Krankheiten zu korrigieren, und wird sie diese Verantwortung nicht auch in zivilen Ungehorsam verwickeln müssen, der dann aber gerechtfertigt ist? Nach dem Motto, der Zweck heiligt die Mittel? Gewiß hat der Gläubige eine soziale Verantwortung! Diese besteht darin, dem Nächsten Gutes zu tun und in besonderer Weise dem Mitgläubigen! Der Gläubige hat aber auch eine zivile Verantwortung, und sie fordert seinen zivilen Gehorsam. Wenn die Regierung, unter der er lebt, ihm gewisse Mittel des Protestes und der Veränderung legal zur Verfügung stellt, mag er diese sehr wohl nutzen. Aber das Gesetz in die eigene Hand zu nehmen, findet in der Bibel keine Unterstützung. Die einzige Ausnahme dazu tritt ein, wenn die Regierung ihm verbietet, Gott anzubeten. Die Verantwortung eines Christen besteht darin, das Evangelium zu bezeugen und ein untadeliges Leben zu führen. Durch dieses Zeugnis führt er Menschen zu Gott. Indem er die Gesetze hält, dient er der Gesellschaft. Durch privaten und zivilen Gehorsam ehrt er Gott.

2 Die Frage der Todesstrafe

Die Frage nach der Todestrafe beeinflußt so unterschiedliche Gebiete wie Strafrecht, Soziologie, Justiz und vor allem Theologie. Denn jede Frage, die das Leben und Sterben zum Inhalt hat, ist zunächst theologisch zu betrachten. Eine Erörterung, die etwas auf sich halten lassen will, muß sich deshalb daran orientieren. Eine theologische Ansicht (oder umfassender ausgedrückt, eine philosophische Grundhaltung) ist zum Scheitern verurteilt, wenn sie nicht eine klare Stellung zur Frage der Todesstrafe beinhaltet.

Die Todesstrafe ist definiert als Strafe für ein Verbrechen. Ihr Konzept geht davon aus, daß der Verurteilte dieses Verbrechens schuldig ist. Es geht ferner davon aus, daß die Regierung, die die Verurteilung vollstreckt, ordnungsgemäß eingesetzt ist, wenngleich auch die Formen der Regierungen hier unterschiedlich sein mögen. Die speziellen Verbrechen, auf die die Todesstrafe angewendet wird, können nicht in einer Definition zusammengestellt werden. Das ergäbe wiederum eine andere Frage. Für uns ist allein die Frage entscheidend, ob die Todesstrafe von der Schrift her legitim ist oder nicht.

Der momentane Stand der Debatte

Die Argumente gegen die Todesstrafe sind gewöhnlich wie folgt: Die Todesstrafe ist nicht mit der Liebe Gottes in Einklang zu bringen, das Evangelium sucht die Rechtfertigung der Bösen, was das genaue Gegenteil dessen ist, was sich mit der Todesstrafe vollzieht. Jesus habe stets zum »Leben und zur Vergebung über den Tod und die Verdammnis aufgerufen«.[3]

Diese Aussagen spiegeln eine liberale Theologie wieder, die beharrlich leugnet, daß Jesus sehr wohl auch über die Verdammnis lehrt (Mt 5,21-26; 10,28, 12,32). Sie bezieht sich häufig mehr auf eine gesellschaftliche Rechtfertigung als auf eine individuelle.

Dennoch stimmt es, daß manche Evangelikale sich gegen die Todesstrafe aussprechen, nicht, weil sie theologische Bedenken dagegen hätten, sondern weil sie annehmen, in dieser Angelegenheit sei eine rechtmäßige Verfahrensweise unmöglich.[4]

Humanitäre Aspekte, wie die Frage nach dem Wert einer Gesellschaft und die in ihr mögliche Menschenwürde, sind weitere Gründe gegen die Todesstrafe. Albert Camus weist auf das Mitgefühl hin, das man der Familie eines Opfers der Todesstrafe entgegenzubringen habe. Er behauptet, diese Höchststrafe treffe die unschuldige Seite, die Familie des

3 John W. Sloat, »Let's Abolish Capital Punishment«, Pulpit Digest 50 (Januar 1970): 46.

4 »After Capital Punishment, What?«, United Evangelical Action 24 (Mai 1965): 17.

5 Für diese und ähnliche Aussagen, siehe Gerald H. Gottlieb, »Capital Punishment«, Crime and Delinquency (Januar 1970): 2-11.

6 »Report of the Committee on Resolutions«, Yearbook of the American Baptist Convention, 1958 (American Baptist Convention,1958).

Verbrechers. Ramsey Clark sagte als Generalstaatsanwalt der Vereinigten Staaten von Amerika: »Diese Nation ist zu groß und ihre Absichten sind zu gut, um angesichts neuer Erkenntnisse sich mit der vorsätzlichen Beendigung von Leben als Strafe oder als Abschreckung zu befassen.«[5]

Gekoppelt an diese Argumente ist die fortwährende Diskussion, ob die Todesstrafe auf Verbrechen überhaupt eine abschreckende Wirkung hat oder nicht. Die Argumente gegen die Todesstrafe sind (in einem religiösen Zusammenhang) wahrscheinlich am besten in der 1958 verfaßten Resolution der Konvention Amerikanischer Baptisten dargestellt. Sie richten sich gegen die Todesstrafe:

1. *Weil* alle menschlichen Einrichtungen sowie ihre Rechtsprechung fehlbar sind und auch unschuldige Menschen ihr Leben verloren haben.

2. *Weil* die Christen das Leben als ein unveräußerliches und heiliges Geschenk von Gott ansehen.

3. *Weil* der abschreckende Effekt der Todesstrafe nicht deutlich genug bewiesen worden ist.

4. *Weil* die Betonung des modernen Strafrechts auf dem kreativen Prozeß der wiedergutmachenden Rehabilitation liegt, anstelle einer primitiven Vergeltung.

5. *Darum* befürworten wir die Abschaffung der Todesstrafe in den Staaten, in denen sie noch verhängt wird.[6]

Ein Verfasser, der sich für die Todesstrafe ausgesprochen hat, hält dem entgegen, daß »diese Opposition vom Bösen ist, denn sie bringt dem Verbrecher mehr Verständnis entgegen als seinem Opfer. Damit wird eine gerechte Justiz geschwächt und die Mörder werden ermutigt. Es läßt sich kein Hinweis dafür in der Schrift finden. Vielmehr gründet sie sich (die Opposition gegen die Todesstrafe) auf eine schwammige, philosophische Weltanschauung, die die Idee hochhält, daß das Nehmen von Leben unter jedem Umstand falsch sei, ohne angemessen zwischen Töten und Mord, zwischen Strafe und Verbrechen zu unterscheiden.«[7]

Mit dieser Aussage führt uns der Autor zum Kernpunkt der Frage: Was lehrt nun die Schrift hierüber? Der ethische, philosophische oder theologische Standpunkt stehen in diesem Fall in unmittelbarer Beziehung zu der Frage der Autorität der Bibel. Obgleich große Unterschiede unter den Meinungen derer auftreten, die über die Autorität der Bibel keinen Zweifel aufkommen lassen, kann dieses Thema nicht behandelt werden, wenn man nicht zuvor wenigstens versucht hat, herauszufinden, was die Bibel über die Todesstrafe lehrt.

Die Lehre der Schrift

1. Mose 9,6

Daß 1. Mose 9,6 das Prinzip der Todesstrafe darstellt, ist unumstritten. Jeder Mord muß mit dem Tode geahndet werden, denn der Mensch ist nach dem Bilde Gottes geschaffen (1Mo 1,26 f), und sein Leben daher nach Gottes Willen unverletzlich. Gewalt in Form von Mord ist im Grunde ein Angriff gegen Gott. Die Strafe freilich muß der Mensch selber ausführen, wobei ihm die Wahl der Mittel hierzu selbst überlassen ist. Daß das Prinzip der Todesstrafe (s. o.) auf die gesamte menschliche Rasse anzuwenden ist, geht aus der einfachen Tatsache hervor, daß Noah am Anfang eines Neubeginns Gottes mit dem Geschlecht des Menschen stand. Alles was dem Noah gegeben wurde (wie beispielsweise die Erlaubnis, Fleisch zu essen, oder das Versprechen keiner weiteren Flut) war auf keine spezielle Rasse, Familie oder Kultur beschränkt, sondern galt für alle Menschen.

7 Jacob J. Vellenga, »Is Capital Punishment Wrong?« Christianity Today 4. (Oktober 12, 1959): 7.

Das Mosaische Gesetz

Die Todesstrafe ist auch im Mosaischen Gesetz verankert, jedoch mit einem beachtlichen Unterschied. Während sie in 1. Mose 9,6 nur als Strafe für Mord gedacht war, sieht sie das Mosaische Gesetz auch für andere Verstöße vor: Mord (2Mo 21,12; 4Mo 35,16-31), Arbeiten am Sabbath (2Mo 35,2), Vater oder Mutter fluchen (3Mo 20,9), Ehebruch (3Mo 20,10), Inzest (3Mo 20,11), Sodomie (3Mo 20,13.15-16), falsche Prophetie (5Mo 13,1-10; 18,20), Abgötterei (5Mo 17,2-7), fortgesetzter Ungehorsam gegenüber den Eltern (5Mo 21,18-21), Vergewaltigung (5Mo 22,25), einen Ochsen halten, der einen Menschen getötet hat (2Mo 21,29), Menschenraub (2Mo 21,16) und für den unbefugten Zutritt zum Heiligtum (4Mo 1,51; 3,10.38; 17,7). An einigen Stellen wird auch das Mittel der Strafe wie Steinigen oder Verbrennen erwähnt.

Johannes 8,1-11

Obgleich es umstritten ist, daß dieser Abschnitt zum originalen Text der Bibel gehört, stimmen doch die meisten Ausleger darin überein, daß jener Vorfall eine wahre Begebenheit im Leben Christi darstellt. Er wird von vielen Gegnern der Todesstrafe als ein Beweis dafür gewertet, daß der Herr sie somit ausgesetzt hätte. Einige Fakten liegen uns klar auf der Hand: Zunächst waren die Motive der Schriftgelehrten und Pharisäer die, eine legale Basis zu gewinnen, auf der sie den Herrn verurteilen konnten (V. 6). Wenn er der Steinigung zugestimmt hätte, dann wäre er darin schuldig geworden, zu Handlungen gegen das geltende römische Recht zu raten. Wenn er die Steinigung ablehnte, hätte er dem Mosaischen Gesetz widersprochen (3Mo 20,10; 5Mo 22,22).

Zweitens hat die Antwort des Herrn nicht nur den Angriff der Pharisäer abgewehrt, sondern auch die wichtige Frage nach der Kompetenz der Zeugen aufgeworfen. Wenn beispielsweise die Pharisäer die Frau ungewarnt schuldig werden liessen, nur um sie dann vor Jesus zu der Anklage zu bringen, um ihn zu versuchen, dann haben sich die Pharisäer im Grunde selbst dieses Unrechts schuldig gemacht. »Niemand kann aufgrund der Beweislage inkompetenter Zeugen, auch wenn er faktisch schuldig ist, rechtmäßig wegen einer Schuld überführt und verurteilt werden. Sie würden sich selbst der Schuld bezichtigt haben, wenn sie es zugelassen hätten, daß diese Frau wegen dieser Verfahrensverfälschung ein Justizopfer geworden wäre.«[8]

Drittens, Jesus hat das Mosaische Gesetz nicht zurückgewiesen. Er lud zur Steinigung ein (V. 7). Das ist nicht die Abschaffung der Todesstrafe!

Römer 13,1-7

In diesem Abschnitt werden uns nochmals mehrere wichtige Prinzipien vor Augen geführt: (1) menschliche Regierungen sind von Gott eingesetzt (V. 1), und es ist ein Bereich von Autorität, der von Familie und Gemeinde unterschieden ist. (2) Christen müssen der Regierung gehorchen, weil Gott sie eingesetzt hat, um das Böse zu bekämpfen (V. 4) und weil unser Gewissen uns gebietet, ihr zu gehorchen (V. 5); (3) die Regierung hat das Recht, Steuern zu erheben (V. 6 f) und (4) die Regierung hat das Recht, Gewalt einzusetzen (V. 4). Und hierin besteht natürlich die Verbindung zu unserem Thema. Nämlich in der Frage: Was ist im Recht, »das Schwert zu führen« (V. 4), alles enthalten?

8 J. Duncan M. Derret, Law in the New Testament, London Darton, Longman & Todd, 1970, S. 183.

Manche verstehen »das Schwert« als das Recht einer Regierung, die Todesstrafe zu verhängen. Sie lehnen dann aber dieses Recht ab aufgrund der Worte: *»Vergeltet niemandem Böses mit Bösem«* (12,17), *»Rächt euch nicht selbst«* (12,19) oder *»die Liebe tut dem Nächsten nichts Böses«* (13,10).[9]

Die exegetische Schwierigkeit in diesem Verfahren liegt hier in der einfachen Tatsache, daß diese Empfehlungen an Einzelne in ihrer Verantwortung anderen gegenüber im Leibe Christi gerichtet sind, wogegen die Lehre, daß die Regierung das Schwert führt, sich auf eine Verantwortung in einem völlig anderen Zusammenhang, nämlich der öffentlichen Ordnung bezieht.

Andere glauben, daß das Schwert nicht unbedingt auch die Todesstrafe in seiner Auslegung mit einschließen muß. Es mag einfach nur bedeuten, daß ein Polizist befugt ist, eine Waffe tragen zu dürfen. Wenn ein Regierungsangestellter aber eine Waffe trägt, haben Gerichte nicht gleichzeitig das Recht, die Todesstrafe zu verhängen.[10]

Obwohl es wahr ist, das »das Schwert« auch andere Formen staatlicher Macht beinhaltet, wie Geld-, Gefängnisstrafen und Konfiszierung von Eigentum, muß es auch klar die Ausübung der Todesstrafe beinhalten. Das Wort *Schwert* wird von F. L. Godet erklärt: »Es bedeutet (im Gegensatz zum Dolch oder geraden Schwert) ein langes Messer mit gebogener Klinge, wie das, was die Anführer in der *Ilias* trugen (A.d.Ü.: gemeint ist das *Krummschwert*) und mit dem sie Enthauptungen durchführten, vergleichbar mit unserem *Säbel*. Mit diesem Ausdruck meint Paulus hier aber nicht die Waffe,

9 Charles S. Milligan, »A Protestant's View of the Death Penalty«, in The Death Penalty in America, ed. Bedau, S. 178.

10 Dwight Ericson, »The New Testament Christianity and the Morality of Capital Punishment«, Journal of the American Scientific Affiliation, 14, September 1962, S. 77-79. Siehe auch die Erklärungen aus *The Living Bible* zu Römer 13,4: »The policeman is sent by God to help you.«

die der Kaiser und seine Präfekte als ein Zeichen ihrer Gewalt über Leben und Tod trugen - diese Bedeutung wäre zu eng - sondern das Schwert, das in den Provinzen von den Magistraten an der Seite getragen wurde, die das Recht hatten, die Todesstrafe zu vollstrecken.«[11]

Godet führt weiter aus, daß es unmöglich sei, aus ihrem Recht zur Bestrafung gerade die Strafe auszuklammern, die durch das Schwert repräsentiert wird. Wenn dieser Vers das Recht der Todesstrafe lehrt, ohne das Recht, sie auch zu verüben, dann würde folglich auch die Steuermacht des Staates im nächsten Vers nur ein Symbol für die Autorität der Regierung sein und nicht wirklich erlauben, tatsächlich Geld von den Leuten zu nehmen. Das ist natürlich eine unmögliche Interpretation. So ist es auch nicht überzeugend, die Lehre des Rechts der Todesstrafe einer Regierung ohne die praktische Ausübung dieses Rechts zu erwägen.

Zusammenfassend kann gesagt werden, daß Römer 13,4 das Recht der Regierung lehrt, einem Kriminellen das Leben nehmen zu können, obwohl Einzelheiten nicht näher erläutert werden. Das Recht der Todesstrafe, wird im 1. Buch Mose Kapitel 9 Vers 6 eingeführt, im Mosaischen Gesetz weitergeführt, mit der Lehre Jesu nicht aufgehoben, und in der Lehre des Neuen Testamentes bestätigt.

Eine biblische Frage

Setzt das sechste Gebot *»Du sollst nicht töten«* (2Mo 2,13) das Prinzip der Todesstrafe nicht außer Kraft? Das Verb »töten« erscheint neunundvierzig Mal im Alten Testament und hat dabei im wesentlichen die Bedeutung, jemanden mit Vorsatz zu ermorden. Es wird niemals für Tiere, Gott, Engel oder Feinde in einer Schlacht verwendet.[12]

Das Neue Testament übersetzt das sechste Gebot immer mit *phoneuo,* was niemals in einem anderen Zusammenhang als dem des »Mordens« steht. Die Strafe, die diesem Gesetzesbruch folgte, war der Tod (2Mo 21,12; 4Mo 35,16-21).

Daraus läßt sich folgern, daß, wenn die Theokratie das Leben eines Menschen nahm (von jemandem, der das sechste Gebot gebrochen hatte), der Staat (im besonderen solche, die die Exekution ausführten) nicht des Mordes schuldig war. Auch Gottes Auftrag an Israel, ihre Feinde während des Eroberungszuges in Kanaan zu schlagen, hat nichts mit einer Übertretung des sechsten Gebotes zu tun, weder von Gottes Seite her noch von einzelnen Soldaten aus gesehen, die in der Schlacht töteten. Sie waren Instrumente der Ausführung eines göttlichen Gerichts, und nicht Übertreter des sechsten Gebotes.

Eine theologische Frage

Verbietet ein Bibelverständnis die Auslegung von 1. Mose 9,6 als Richtschnur der heutigen Zeit, wenn es als Unterschied zur damaligen Zeit die fortgeschrittene Offenbarung des Neuen Testamentes entgegenhält? Nur auf zweierlei Weise könnte die Antwort hierzu »Ja« lauten. Erstens, wenn im Fortschritt der Offenbarung des Neuen Testaments eine neue Ethik eingeschlossen wäre, die jene des Alten Testaments ersetzt hätte, in der die Todesstrafe gebräuchlich war. Wir haben jedoch schon erkannt, daß weder der Herr, noch seine Apostel eine Ersatzethik für die Todesstrafe eingeführt haben; sie haben die Todesstrafe auch nicht abgelehnt (Joh 8,1-11; Röm 13,1-7).

---

11 F.L.Godet, Commentary on St. Paul's Epistel to the Romans, Edinburgh: T.&T. Clark, 1883.

12 Von den neunundvierzig Fundstellen befinden sich sechsunddreißig in den 5 Büchern Mose und im Buch Josua, die sich jeweils auf die Gesetze beziehen, die sich mit der grausamen Ermordung von Menschen befassen. Von den verbleibenden dreizehn sind zwei abstrakte Anwendungen in nominaler Form (Ps 42,11; Hes 21,20), zwei sind Zitate des Gesetzes (Jer 7,9; Hos 4,2) und die verbleibenden bedeuten Mord.

Die andere Möglichkeit einer bejahenden Antwort auf die oben gestellte Frage wäre die, wenn man das durch das Neue Testament herbeigeführte Ende des Gesetzes auch generell als Ende der Todesstrafe ansähe, die ja einen bedeutenden Rang im Gesetz einnimmt. Einige Anhänger der Haushaltungslehre bestehen beharrlich darauf, daß das Gesetz mit Christus abgetan sei (2Kor 3,7-11). Natürlich würde das bedeuten, daß die Todesstrafe, die ein Teil des Mosaischen Gesetzes ist, durch das Gesetz der Gnade aufgehoben wäre. Aber kein Versuch einer Ausdehnung der Haushaltung des Gesetzes könnte 1. Mose 9,6 in diese miteinschließen. Aus der Haushaltungslehre folgt, daß durch Christus die Todesstrafe nur für bestimmte Verbrechen, nicht aber für Mord, abgeschafft wurde. Nur wenn das Neue Testament einen Ersatz für das Gebot von 1. Mose 9,6 gegeben hätte, wäre dieses Gebot heute nicht mehr gültig. Da es dieses aber nicht tut, hat die Lehre vom Ende der Zeit des Gesetzes nichts mit 1. Mose 9,6 zu tun, und folglich ist dieses biblische Prinzip auch heute gültig.

Eine praktische Frage

Was ist der Sinn der Todesstrafe? Viele Antworten sind hierauf gegeben und debattiert worden. Der tiefste Sinn liegt nach der Bibel in der Verantwortung der zivilen Regierung. Die Regierung hat die Aufgabe, solche zu bestrafen, die Böses tun (2Petr 2,13), und die Todesstrafe ist eine Möglichkeit, diese Aufgabe auszuführen. Das führt zu der Frage, ob die Todesstrafe tatsächlich eine Abschreckung für das Verbrechen bedeutet oder nicht. Diese Frage ist schon in der Vollversammlung in Athen im vierten Jahrhundert vor Christus erörtert worden. Die Befürworter der Todesstrafe argumentierten damit, daß »jede Milde, die in dieser Hinsicht gezeigt werden würde, keine Anerkennung folgen ließe, sondern als Zeichen der Schwachheit gedeutet werden würde, wodurch somit viele zum Aufruhr ermuntert würden, wenn sie sähen, daß sie dabei straffrei blieben.« Die Gegner ermahnten die Versammlung, »nicht solche Torheit zu begehen und auf die Todesstrafe zu vertrauen.«

Der Streit geht bis zum heutigen Tage weiter, und Experten werden von beiden Lagern zitert. J. Edgar Hoovers Erfahrung war diese: »Der erfahrene Polizist ist durch seine Praxis davon überzeugt, daß der abgehärtete Kriminelle vom Mord durch die Todesstrafe abgeschreckt wird.«[13]

Die Erfahrung in Großbritannien zeigt, daß die Todesstrafe eine Abschreckung für das Verbrechen ist. »Es gab einen plötzlichen Anstieg bewaffneter Raubüberfälle und Gewaltverbrechen in ganz Britannien seit 1965, als man die Todesstrafe abschaffte. Mehr Kriminelle scheinen jetzt Waffen zu tragen.«[14]

Im Lichte dieser Erfahrungen wird deutlich, daß die Todesstrafe für die gottgemäße Funktion der Regierung wesentlich ist. Ohne sie würde ihr Schwert stumpf werden.

13 J. Edgar Hoover, The Death Pealty in America, ed Bedau, S. 134.

14 Felix Kessler, »The Gun«, The Wall Street Journal 179 (6. Juni 1972)

3 Die Frage der Frauenrechte

Die zweite Hälfte unseres zwanzigsten Jahrhunderts hat einen großen Zuwachs unter den Frauenrechtsbewegungen erlebt, innerhalb und außerhalb der Kirche. Der Vorschlag, eine Frau solle für das Amt des Vizepräsidenten kandidieren, wurde 1972 in einer nationalen Kampagne auf Grund nachhaltigen Drucks der Frauenrechtsbewegung ernsthaft bewegt. Gleiche Bezahlung bei gleicher Arbeit beginnt sich heute durchzusetzen.

Vor zwei Generationen begannen manche liberale Kirchen damit, Frauen für Gemeindedienste einzusetzen. In jüngerer Vergangenheit folgten sogar konservative Denominationen diesem Beispiel. Für gewöhnlich verbindet sich mit dem ersten Einsetzen einer Frau in ein solches Amt auch eine große Diskussion (wenn nicht gar eine Schlacht), danach ist das Thema akzeptiert.

Natürlich sind nicht alle Aktivitäten der Frauenrechtlerinnen notwendigerweise schlecht. Ein Christ sollte sich darüber freuen, wenn jede Art der Unterdrückung aufhört, was die Frauenrechte z. T. erreicht haben, wie am Beispiel »gleiche Bezahlung« zu sehen ist. Die Bibel gibt nicht in allen sekulären Bereichen, die von den Frauenrechten handeln, eindeutige Hinweise, wenn sie es auch in manchen tut. Paulus' Wort aus dem 1. Timotheusbrief, Kapitel 2,12-14, über die Täuschung Evas mag eine generelle Täuschbarkeit im Charakter der Frau andeuten, die sie nicht nur von

Leitungsfunktionen in der Kirche ausschließt, sondern auch von solchen im säkularen Leben wie dem politischen. Deutlich widerspricht es der biblischen Lehre einer intakten Familie, wenn Kinder im Hort, anstatt zu Hause von ihren Eltern, versorgt werden müssen. Ebenso steht die Herabsetzung der Ehe im Gegensatz zur Lehre der Schrift.

Es kann nicht geleugnet werden, daß der Geist der Frauenrechte in seiner Mannigfaltigkeit in der Kirche Einzug gehalten hat. Sollten Frauen für Gemeindedienste ordiniert werden? Erlaubt die Bibel Diakoninnen? Welche Aufgaben kann eine Frau in der örtlichen Gemeinde übernehmen? Diese und ähnliche Fragen sind wichtige Anliegen des Christen.

Was die Christenheit für die Frauen tat

Die Christenheit war eine Frauenrechtsbewegung lange vor der Entstehung der heutigen Gruppen. Um zu verstehen, was die Christenheit für die Frauen geleistet hat, muß man etwas zum Status der Frau zu der Zeit wissen, als unser Herr auf die Erde kam.

Frauen in der griechischen Kultur

Obgleich griechischen Frauen etwas höherer Respekt gezollt wurde als Frauen aus anderen antiken, heidnischen Gesellschaften, standen sie doch fast auf derselben Stufe wie Sklaven und waren aus Gewohnheit und Gesetz ihren Ehemännern unterstellt. Die Ehre der Frauen wurde genau beachtet, doch die meiste Zeit verbrachten sie in ihrer Beengtheit zu Hause. Demosthenes Zusammenfassung ist brutal einfach: »*Hetairai* (A.d.Ü. Hetären waren Frauen, die man sich hielt, um sich mit ihnen intellektuell und geistig auszutauschen) halten wir um des Vergnügens willen, Konkubinen, um die gewöhnlichen Bedürfnisse des Körpers zu stillen und Ehefrauen, um uns legitime Kinder zu gebären und den Haushalt zu führen.«[15]

Zur Zeit Christi genossen die Frauen in Mazedonien ein größeres Maß an Freiheit, als Frauen in anderen vergleichbaren Gesellschaften. Das mag auf die besondere Begebenheit des Dienstes des Apostels Paulus in Thessalonich zurückzuführen sein (Apg 17,4). Aber alles in allem wurden die Frauen den Männern gegenüber als zweitrangig betrachtet.

Frauen in der römischen Gesellschaft

In der römischen Gesellschaft genossen die Frauen größere praktische, teilweise sogar legale Freiheiten als in der griechischen Gesellschaft. Mit der teilweisen Emanzipation der Frau nahm der moralische Verfall zu, was sich in häufigeren Scheidungen ausdrückte. Die vergleichsweise Wenigen, die der stoischen Lehre folgten, werteten die Position der Frau auf und suchten ihr Leben nach einem hohen ethischen Standard einzurichten. Die römischen Religionen enthielten oft beschämende Laster, die die Frauen erheblich degradierten. Kurz vor dem Kommen Christi griff in der römischen Welt »beinahe jede Untugend um sich - Unmoral, Abtreibung, Kindermord, Schwelgerei, Geiz, Grausamkeit, Kriecherei, Spiele, Selbstmord, anstößige Bilder bei öffentlichen Wettrennen und auf der Bühne.«[16] Und wie zu unserer Zeit, mitten in einer korrupten Gesellschaft, gab es viele einfache Leute, die an diesen Praktiken keinerlei Anteil hatten.

Frauen im Judentum

Die Position der Frau im Judentum scheint paradox zu sein. Wir können das nur dann verstehen, wenn wir zwischen ihrem reinen und unreinen Dienst unterscheiden. Zuhause war die

15 Demosthenes Theomneustus und Apollodorus gegen Neaera, 122.

16 William Fairweather, The Background of the Epistels, Scribner, New York 1935, S. 30.

Position der Frau würdig und voller Verantwortung (Spr 31). Die Kinder standen unter der speziellen Obhut ihrer Mutter (1Mo 20,12; 21,15; 3Mo 19,3). Gesetzlich gesehen war ihre Position zwar niedrig, aber praktisch nahm sie eine würdigere Stellung ein. Das Recht der Scheidung war den Männern vorbehalten; alles, was die Frau erwarten konnte, war ein Scheidebrief.

Obwohl Frauen am religiösen Leben teilnahmen (5Mo 12,12.18; 14,26; 16,11.14), »war die Mehrheit [der Frauen] vollkommen abhängig von den Männern. In religiösen Dingen waren sie das Anhängsel ihrer Ehemänner, die durch ihre guten Taten auch die Rettung ihrer Frauen erwirkten.«[17]

Das Gesetz erwartete die Anwesenheit der Frauen beim Heiligtum während der Festzeiten. Es war ihnen erlaubt, alles zu essen, was angeboten wurde, außer den Sündopfern (3Mo 6,29; 10,14). Es gibt keinen Zweifel daran, daß der Mann die religiöse Szene im Judentum beherrschte. Den größten Beitrag brachten die jüdischen Frauen in ihrem Dienst zu Hause, wo sie in den Privilegien ihrer Mutterschaft einen Ehrenplatz innehatten.

Frauen in der Zeit Christi

Jesus Christus führte eine neue Wertschätzung der Frau ein. Er bot ihr geistige Privilegien in gleicher Weise wie den Männern, aber er sanktionierte keine Gleichheit in geistlichen Aktivitäten. Eine Gruppe von Frauen diente Jesus für sein materielles Wohl (Lk 8,2-3), und er nahm ihre Dienste an

17 Solomon Schechter, Studies in Judaism, Adam & Charles Black, London 1986, S. 389.

18 Albrecht Oepke, Artikel »Woman«, in: Theological Dictionary of the New Testatament, ed. G. Kittel and G. Friedrich, Grand Rapids, Eerdmans 1964, Bd. 1. S. 784.

(Lk 10,38-42; 23,56; Joh 4,6-42). In seinen Gleichnissen bezog er sich gelegentlich auf das Alltagsleben der Frau (Mt 13,33; Lk 15,8-9). Es waren Frauen, die als erste die Nachricht Seiner Auferstehung empfingen. Der Herr öffnete das Privileg des Glaubens sowohl Frauen als Männern. Daran läßt sich erkennen, daß Jesus in bezug auf geistliches *Leben* keinen Unterschied zwischen den Geschlechtern machte.

Was aber geistliche *Aufgaben* angeht, macht der Herr doch einen Unterschied. Was Christus nicht über Frauen gesagt hat, ist ebenso wichtig wie das, was er gesagt hat. Es ist bezeichnend, daß keine Frau unter die zwölf Jünger gewählt wurde. Des Herrn Abendmahl wurde nur im Beisein von Männern gefeiert. Der Apostelbefehl von Johannes 20,19-23 und Matthäus 28,16-20 erging nur an Männer (obwohl der Geist am Pfingsttag auch auf Frauen fiel). In der Aufzählung seiner Liste der Zeugen der Auferstehung des Apostels Paulus in 1. Korinther 15 werden keine Frauen erwähnt, obwohl sie Zeugen waren. Und natürlich, die Inkarnation selbst war in einem Mann. »Jesus ist kein radikaler Reformer, der Gesetze proklamiert und die Beziehungen der Menschen gleichmachen will. Er ist der Retter, der sich selbst gibt und besonders die Schwachen und Unterdrückten ohne Unterschied in die Freiheit des Reiches Gottes ruft.«[18]

Was Frauen für das Christentum leisteten

Die Gründung der Gemeinde

Am Pfingsttag waren auch Frauen unter den 120 Jüngern, die im »Oberen Saal« versammelt waren und vom Heiligen Geist erfüllt wurden. Die Predigt jedoch erfolgte durch einen Mann, Petrus. Die Frage nach der Anwendung von Joel 2 ist sehr komplex und kann nicht dadurch vereinfacht werden, daß sich die Prophetie mit dem Pfingsttag an der Gemeinde erfüllt hätte. Es wäre riskant zu folgern, die Rechtskräftigkeit predigender Frauen sei auf das *»deine Söhne und Töchter sollen* *weissagen«* zurückführbar. Wenn das Weissagen beider Geschlechter charakteristisch für die Gemeinde ist, dann sollten es auch die anderen Dinge sein, die in dem Abschnitt erwähnt sind, nämlich *»Blut und Feuer und Rauchdampf, ... die Sonne wird verwandelt werden in Finsternis und der Mond in Blut«* (Apg 2,19-20).

Frauen haben der Gemeinde oft als Gastgeberinnen gedient, als man sich in den frühen Tagen noch in den Häusern traf. Maria, die Mutter des Johannes Markus, öffnete ihr Haus der Gemeinde in Jerusalem (Apg 12,12), und einige vermuten, daß Evodia und Syntyche der Gemeinde in Philippi mit ihren offenen Häusern gedient hätten (Phil 4,2). Als die christliche Botschaft zum ersten Mal in Europa einzog, waren die ersten, die sich bekehrten, Frauen (Lydia in Philippi, *»nicht wenige der vornehmsten Frauen«* in Thessalonich und Beröa sowie Damaris in Athen, Apg 16,14; 17,4.12.34). In Korinth waren es Priscilla und Phöbe, die der Gemeinde aktiv dienten, wenn auch die Art ihres Dienstes unklar ist (Apg 18,26; Röm 16,1-3). Auf vielerlei Weise dienten Frauen den neuen Gemeinden, jedoch stets in zweitrangigen Positionen. Die Apostel waren alle Männer. Die missionarischen Aktivitäten wurden von Männern ausgeführt. Das Neue Testament wurde von Männern geschrieben. Die Gemeindeleitung war in der Hand von Männern. Gleichheit der geistlichen Stellung hieß nicht Gleichheit der geistlichen Dienste.

Galater 3,28

»Da ist nicht Jude noch Grieche, da ist nicht Gebundener noch Freier, da ist nicht Mann noch Frau, denn ihr alle seid einer in Jesus Christus.« Dieser Vers, der häufig von Fürsprechern der Gleichberechtigung mißbraucht wird, sagt nicht aus, daß normale Unterschiede und Begrenzungen der Geschlechter in Christus aufzuheben seien. Wenn es das aber bedeutete, müßte unter Gläubigen dieser Text auch die Aufhebung des Unterschiedes zwischen einem Sklaven und

seinem Herrn unter Gläubigen bedeuten. Das hat Paulus jedoch nicht gemeint. Als er etwas später dem Philemon über seinen Sklaven Onesimus schrieb, hob er hervor, daß ›kein Unterschied zwischen einem Gebundenen und Freien‹ nicht bedeutete, Onesimus müsse nun von seinem christlichen Herrn freigelassen werden. *»Kein Unterschied zwischen einem Juden und Griechen«* bedeutete auch nicht, daß Paulus fortan kein Jude mehr war, nachdem er gläubig geworden war. (2Kor 11,22; Röm 11,1). *»Kein Unterschied zwischen einem Mann und einer Frau«* heißt, keinen Unterschied in den geistlichen Vorrechten zu machen, sehr wohl aber in den geistlichen Diensten. Es bedeutet nicht, Frauen sollen die Arbeit von Männern in der Gemeinde übernehmen und Männer die Arbeit von Frauen zu Hause.

Grenzen des Dienstes von Frauen

Die Aktivitäten der Frauen sind zunächst auf ihr Haus ausgerichtet (1Tim 5,14; Tit 2,4-5). Die Lehrbriefe verbieten ihnen einen öffentlichen Dienst. Bevor wir uns aber den Einschränkungen näher zuwenden, ist es wichtig, eine Sache deutlich zu sagen. Weissagungen zu bekommen und zu predigen sind nicht dasselbe. Die Tatsache, daß eine Frau Weissagungen bekommt, legitimiert heute keine Frau als Predigerin (Apg 21,9). Der Prophet gibt eine direkte Botschaft von Gott objektiv weiter. Im Gegensatz dazu ist der Prediger oder Lehrer subjektiv in seine Botschaft (die heute in der Bibel steht) einbezogen und teilt uns das Ergebnis mit. Darüberhinaus ist die Gnadengabe der Prophetie im Neuen Testament immer von der des Lehrers oder Leiters unterschieden (Röm 12,6-7; 1Kor 12,28-29; Eph 4,11). Es sind nicht die gleichen Gnadengaben. 1. Korinther 14,3 gibt eine Beschreibung des Ergebnisses der Prophezeiung und keine Definition dieser Gabe. Wenn Weissagung und Predigen dasselbe wären, gäbe es keine Notwenigkeit dafür, diese feinen Unterschiede im Neuen Testament herauszustellen.

In 1. Korinther 11,5 schreibt Paulus: »*Jede Frau aber, die mit unverhülltem Haupt betet oder weissagt, entehrt ihr Haupt; denn sie ist ein und dasselbe wie die Geschorene.*« Im selben Brief fährt er fort: »*Eure Frauen sollen in den Gemeinden schweigen, denn es wird ihnen nicht erlaubt zu reden, sondern sie sollen sich unterordnen, wie auch das Gesetz sagt*« (14,34). In den vorangegangenen Versen scheint Paulus anzudeuten, daß Frauen vielleicht öffentlich beten und weissagen mögen, wenn sie verschleiert sind. Wenn er aber dieses Thema vor dem Hintergrund der Ausübung geistlicher Gaben aufgreift, macht er diese beschränkte Erlaubnis augenscheinlich wieder ungültig. In 1. Timotheus 2,12 ist er ebenfalls sehr darauf bedacht, mitzuteilen, daß Frauen in der Versammlung nicht lehren dürfen. Mehrere Lösungsvorschläge sind indessen zu diesem scheinbaren Widerspruch gemacht worden:

1. Einige behaupten, daß Paulus aufgrund weiterer Überlegungen den Frauen die Erlaubnis zu reden entzog. Dieser Standpunkt leugnet jedoch die verbale Inspiration.

2. Andere wiederum meinen, daß 1. Korinther 14,34 sich auf hysterische Zwischenrufe von Frauen bezöge und nicht auf das ordentliche Lehren von Frauen. Das Verb »sprechen« sei hier in dem Zusammenhang von »schnattern« zu verstehen. Jedoch ist das Wort, daß an dieser Stelle benutzt wird, das gebräuchliche Wort für ›reden‹, und Paulus benutzt es auch in demselben Brief für seine eigene Predigt (2,13).

3. Wieder andere glauben, daß der Befehl zu schweigen von einigen aus der Versammlung erging, aber nicht von Paulus direkt. Das scheint aber in höchstem Maße eine gekünstelte Auslegung des 14. Kapitels zu sein. Denn es ist sehr deutlich des Paulus' Antwort an die Gemeinde, und nicht ihr Einfluß auf ihn.

4. Es wird ferner angenommen, daß 1. Timotheus 2,12 ein Verbot ist, das nur solange gilt, solange kein vergleichbar

qualifizierter Mann für die Lehre zur Verfügung stehe. Buchstäblich heißt es aber in diesem Vers: *»Ich erlaube aber einer Frau nicht, zu lehren, noch über den Mann zu herrschen, sondern ich will, daß sie sich in der Stille halte.«*

Der Grund, warum Frauen nicht lehren sollen, ist das mit der Lehre verbundene Potential der Dominanz. Der Vers bedeutet nicht, daß es Frauen nur dann verboten ist zu lehren, wenn sie die Autorität mißbrauchen. Er sagt aber auch nicht, daß eine Frau niemals lehren darf. Er sagt, Frauen sollen keine Lehrer werden. Diese Zeitform deutet an, daß die fortwährende Ausübung der Lehre für eine Frau verboten ist.

Die einzige Auflösung dieses scheinbaren Widerspruchs ist zu finden, wenn man die Betonung des Paulus in seinem Text untersucht. Diejenigen, die den Frauen einen Dienst in der Gemeinde zuordnen wollen, heben 1. Korinther 11 hervor. Diejenigen aber, die diesen Dienst verbieten wollen, betonen Kapitel 14. Welches Kapitel soll dominieren? Der Zusammenhang wird uns helfen, eine Entscheidung zu treffen.

Das Thema von Kapitel 11 steht im Zeichen der Unterordnung der Frau. Das Thema von Kapitel 14 betont die Ausübung geistlicher Gaben in der Versammlung. Darum müssen wir erwarten, die Instruktionen, die den Dienst von Frauen in der Gemeinde betreffen, in Kapitel 14 zu finden, und diese Instruktion lautet, daß sie still sein sollen. Was meint Paulus aber, wenn er anscheinend das Weissagen von Frauen anerkennt (11,5)? Er gibt zu, daß manche Frauen in Korinth so etwas taten, aber es folgte an dieser Stelle keine Zustimmung von ihm dazu. Das ist der wichtige Punkt, der oft übersehen wird. Als er in seinem Brief zu der Stelle kommt, an der er seine Meinung dazu offenbart, spricht er gegen das Reden der Frauen in der Versammlung ein striktes Verbot aus. Vielleicht mag jemand das gelegentliche Reden der Frau durch die Stelle 11,5 rechtfertigen und möglicherweise auch durch die Gegenwartsform »zu lehren« im 1. Timotheus 2,12. Aber solche Ausnahmen sind, wenn sie überhaupt gerechtfertigt erscheinen, ungewöhnlich. Und solche Ausnahmen rechtfertigen nicht die Ordination der Frau zu einem regulären Verkündigungsdienst in der Versammlung. Robertson und Plummer fassen dieses Thema ausgewogen zusammen. Was die Frauen in Korinth betrifft, sagen sie:

> Sie haben versucht, dem Manne in der Frage der Kopfbedeckung gleich zu werden, indem sie dieses Zeichen der Unterordnung in der Gemeinde verwarfen. Und offensichtlich haben sie auch versucht zu predigen oder zumindest immerfort Fragen während des Gottesdienstes gestellt. Wir sind uns nicht sicher, ob Paulus die Möglichkeit der Weissagung von Frauen in Ausnahmefällen in Betracht zog. Was in 11,5 gesagt wird, mag hypothetisch sein. Auf jeden Fall verbietet er ihnen zu lehren.[19]

Der Sinn dieser drei Abschnitte zeigt uns, daß die frühe Gemeinde nicht die Gewohnheit unterstützte, Frauen in den öffentlichen Versammlungen sprechen zu lassen. Vielleicht bekam eine Frau einmal eine Weissagung, aber das war entschieden die Ausnahme und es war nicht die Ausübung der Gaben von Leitern und Lehrern. Jedenfalls wurde keiner Frau das Amt, zu leiten oder zu lehren, zugedacht. Das Ideal der Heiligen Schrift ist, daß Frauen unter keinen Umständen beim öffentlichen Gebet leiten sollen. Heute wird dieses Thema dadurch kompliziert, daß wir viel mehr christliche Veranstaltungen durchführen, als es in der Zeit der frühen Gemeinde üblich war. Ist das Gebot auf alle hinzugekommenen Veranstaltungen anzuwenden? Kann eine Frau nicht eine Sonntagsschulklasse von Nichterwachsenen leiten (wenn sie damit keinem Mann die Autorität streitig macht)? Warum

19 Archibald Robertson und Alfred Plummer, First Epistel of St. Paul to the Corinthians, in: The International Critical Commentary, T.&T. Clark, Edinburgh 1911, S. 324-25.

sollte man es ihr auch nicht erlauben, erwachsene Frauen zu lehren oder in einer Gebetsversammlung für Frauen zu beten? Diese Aktivitäten dürfen aber nicht ihre Verantwortung zu Hause und gegenüber ihren Kindern beeinträchtigen, da diese den ersten Rang einnehmen.

Wir leben nun einmal nicht in einer perfekten Welt. Es gibt viele Gegebenheiten zu Hause und auswärts, wo keine Männer sind, die sich um die Aufgaben kümmern können. Wenn das passiert, sollte die Frau, die sich plötzlich in der Arbeit eines Mannes befindet, ihre Arbeit so planen, daß ein Mann sie bei erster Gelegenheit übernehmen kann. Die Probe auf's Exempel in dieser Situation ist diese: Ist sie zu jeder Zeit willig und bemüht, die Arbeit einem qualifizierten Mann zu überlassen, sobald sich dazu eine Gelegenheit bietet?

Frauen in der Position von Leiterinnen

Die Leiter der neutestamentlichen Gemeinde waren Älteste und Diakone, und es ist klar, daß nur Männer sich für diese Position qualifizierten (siehe 1Tim 3,2.12). Die einzig mögliche Position für die Leitungsfunktion einer Frau könnte die einer Diakonin sein. Zwei Passagen in den Briefen deuten auf die Existenz des Amtes einer Diakonin hin (1Tim 3,11; Röm 16,1-2). Jedoch gibt keine dieser Textstellen einen klaren Beweis dafür. Die Frauen, auf den der Text zuvor Bezug nimmt, sind Ehefrauen von Diakonen, die ihre Männer bei ihrem Dienst begleiteten, besonders in den Häusern von Witwen. Wenn die Frauen offiziell anerkannte Diakoninnen wären, müßte man erwarten, daß Vers 11 (im 1. Timotheus, Kapitel 3) auf Vers 13 folgen würde, so daß Paulus nach Abschluß seiner Worte über Diakonie mit dem Thema Diakoninnen angefangen hätte. Die Tatsache, daß Vers 11 in der Mitte der Erläuterung zum Thema Diakone steht, hebt hervor, daß damit die Ehefrauen der Diakone gemeint waren. In Römer 16,1 wird Phöbe als eine Diakonin (Dienerin) der Gemeinde in Kenchreä bezeichnet. Das ist aber nur eine schwache Andeutung eines offiziellen Dienstes der Diakoninnen, dem sie angehört hätte (in diesem Fall würde man einen femininen Artikel mit dem Substantiv oder die feminine Form des Wortes Diakonin erwarten). Geschichtlich treten offiziell anerkannte Diakoninnen nicht vor dem dritten Jahrhundert auf, und diese rekrutierten sich wahrscheinlich aus den Witwen der Gemeinde. Frauen waren nicht an der Verantwortung von Leiterschaft in der frühen Gemeinde beteiligt.

Um zusammenzufassen: (1) Der wichtigste und sie ehrende Platz einer gläubigen Frau ist ihr Haus. Dieser Platz hat vor allen anderen den Vorrang. (2) Ihre Stellung im Leib Christi ist gleich der aller anderen Gläubigen. (3) Ihren Aufgaben und Aktivitäten sind Grenzen gesetzt, indem sie die Leiterschaft und Verantwortung des Mannes im Dienst der Gemeinde anerkennt.

Das führt uns zu einer letztlich wichtigen Betrachtung: Das Thema der Rolle der Frau in der Gemeinde sollte niemals isoliert gesehen werden, sondern immer im Zusammenhang mit der biblischen Lehre, die auch die Rolle des Mannes miteinbezieht. Wenn Frauen außerhalb ihres Platzes stehen, ist der Grund dafür meistens, daß Männer nicht ihre gottgewollten Aufgaben einnehmen. Wenn Männer auf den Ruf des christlichen Verkündigungsdienstes eingingen, würde die Frage der Ordination von Frauen gar nicht auftreten. Wenn Männer auf das Missionsfeld gingen, würde die Frage, ob Frauen diese Arbeit übernehmen können, ebensowenig gestellt werden. Wenn Männer die Heilige Schrift kennen würden und eifrig wären, die Welt zu lehren, gäbe es genug von ihnen, um diese Arbeit zu erfüllen. Wenn Männer die Gelegenheit zum Dienst in der Gemeindeleitung nutzten, gäbe es keinen Mangel an Leitern. Männer in ihrer richtigen Position würden viele praktische Probleme bezüglich der Stellung der Frau in der Gemeinde lösen.

4 Die Frage der Scheidung

Einer meiner Freunde, der Rechtsanwalt ist, erzählte mir, daß die erste Frage eines Klienten in einem Scheidungsfall häufig ist: »Glauben Sie, ich werde gewinnen?« Seine standardmäßige Antwort lautet dann: »Natürlich nicht. In einer Scheidung gewinnt niemand.«

Das Volkszählungsbüro der Vereinigten Staaten berichtet, daß es 1920 einen Scheidungsfall unter sieben Ehen gab, 1940 kam eine Scheidung unter sechs Ehen vor, 1960 gab es eine Scheidung bei einer unter vier Ehen und 1972 eine Scheidung unter drei Ehen. Heute liegt der Anteil der Scheidungen bei einer unter zwei Ehen. In viele Scheidungsfälle sind Christen verwickelt, die wiederum ihrerseits Pastoren und Kirchen dahinein verwickeln. Außerdem spielt oft die Wiederheirat eine wichtige Rolle, was die einzelnen Fälle noch komplizierter macht. Die Bibel hat eine ganze Menge zu diesem Thema zu sagen. Ihre Kommentare richten sich dabei besonders an die, die zur Gemeinde Gottes gehören.

Die Frage der Scheidung

Die Lehre des Alten Testamentes

Gottes ursprünglicher Entwurf für den Mann war die Ehe mit einer Frau und keine Trennung von derselben (1Mo 2,23-24; Mt 19,6). Trotzdem hat das Mosaische Gesetz eine Scheidung erlaubt oder geduldet (5Mo 24,1-4). Dieser Abschnitt billigt dennoch keine Scheidung. Vielmehr hebt er hervor, daß, wenn bestimmte Dinge eintreten, ein bestimmtes Verbot folgt (V. 1-4). Die Verse 1-3 beschreiben die Bedingung, der Vers 4 die Folge davon. Das Besondere dieses Abschnitts ist das Verbot der Rückkehr einer Frau zu ihrem ersten Mann, wenn sie schon einmal seine Frau war, aber inzwischen mit einem anderen Mann verheiratet gewesen ist und von ihm durch Scheidung oder Tod des Mannes freigekommen ist. In diesen Fällen war es dem ersten Ehemann verboten, seine frühere Frau zu sich zurückzunehmen. Dadurch, daß Mose dieses Gesetz gab, hat er für bestimmte Fälle einen Scheidebrief anerkannt. Das Gesetz hat aber niemals eine Scheidung institutionalisiert oder legitimiert.

Der Grund dafür, warum ein Mann seiner Frau den Scheidungsbrief geben konnte, ist benannt mit *»weil er etwas Anstößiges an ihr gefunden hat«* (V. 1). Dieser Ausspruch war nun Anlaß zu vielen Diskussionen. Ehebruch kann nicht gemeint sein, denn die Strafe dafür bedeutete den Tod (3Mo 20,10; 5Mo 22,22). Auch kann es nicht vermuteten, aber unbewiesenen Ehebruch bedeuten, denn für diesen Fall galt es, einen Test vorzunehmen (4Mo 5,11-31). Das Wort »anstößig« deutet auf die Enthüllung von etwas abstoßendem oder unanständigem (siehe 5Mo 23,14), ist aber so undefiniert gehalten, daß sich hierüber zur Zeit Jesu schon viele kontroverse Meinungen an den Rabbinerschulen gebildet hatten. Die Schüler der Schammaischule verstanden es als Unkeuschheit, die der Hillelschule als jeden beliebigen körperlichen Makel oder sogar einen trivialen Grund der Ablehnung. Die liberalere Auslegung der Hillelschule fand größeren Zuspruch und wurde für gewöhnlich angewendet.

Der Herr Jesus bestätigt die Tatsache, daß das Gesetz eine Scheidung nicht gutheißt, sondern lediglich toleriert (Mt 19, 3-9). Als die Pharisäer ihn fragten, ob es legal sei, eine Frau *»aus jeder beliebigen Ursache zu entlassen«* (V. 3), versuchten sie, den Herrn Jesus entweder zu einer niedrigeren Moralvorstellung zu verleiten oder eine strikte Interpretation des Gesetzes vorzunehmen, was ihn unpopulär gemacht hätte. Es wurde allgemein angenommen, daß ein Mann das Recht hatte, sich von seiner Frau scheiden zu lassen; die Frage bestand einzig darin, aus welchem Grund er diese Scheidung vornehmen durfte. Eine Scheidung wurde gestattet, wenn die Frau kaum einen einzigen Punkt des Mosaischen Gesetzes übertreten hatte, wenn sie durch ihr Verhalten ihren Mann in ein schlechtes Licht gebracht hatte, wegen Unfruchtbarkeit oder wenn eine Krankheit oder die Arbeit des Mannes ein fortgesetztes Zusammenleben undenkbar machen würde.[20]

Der Herr Jesus legte seinen Fragestellern aber den ursprünglichen Sinn der Ehestiftung dar und machte deutlich, daß es ein unauflöslicher Bund sein sollte. Eine Scheidung wurde nach dem Mosaischen Gesetz nur wegen der Herzenshärtigkeit der Leute erlaubt.

Zum Ausgang des Alten Testamentes verurteilt der Prophet Maleachi die steigende Scheidungsrate unter dem Volk (Mal 2,13-16). Gottes Einstellung zur Scheidung wird deutlich beschrieben: *»Denn ich hasse Scheidung, spricht der Herr, der Gott Israels«* (V. 16). Einer der uns dafür genannten Gründe ist der, daß eine Scheidung dem ursprünglichen Plan Gottes widerspricht, daß ein Mann und eine Frau in der Ehe zu einem Fleisch vereinigt werden (Mal 2,15). Auch von diesem Abschnitt her müssen wir zu dem Ergebnis kommen, daß das Alte Testament Scheidungen nicht billigte, obwohl es Vorschriften für bestimmte Fälle, die eine Scheidung voraussetzen, enthält (5Mo 24,1-4).

Die Lehre Christi

Jesu Lehre über dieses Thema ist in Matthäus 5,31-32; 19,3-9; Markus 10,2-12 und Lukas 16,18 wiedergegeben. Aus diesen Stellen folgt als wesentlichste die Frage nach der offen-

---

20 Hermann L. Strack u. Paul Billerback, Kommentar zum Neuen Testament, München, Oskar Beck, 1922, 1: 312-20.

sichtlichen Ausnahmebedingung für Scheidung, die sonst jedoch strikt verboten zu sein scheint. Die Ausnahme, Hurerei, erscheint in beiden Matthäusabschnitten, nicht jedoch im Markus- oder Lukasevangelium. Das kompliziert die Frage, denn der Herr Jesus scheint in einem Abschnitt zu sagen, daß keine Scheidung erlaubt sei und in einem anderen, daß Scheidung im Fall der Hurerei erlaubt sei.

So verstehen es einige, daß, wenn Hurerei stattgefunden hat, die Scheidung erlaubt sei. John Murray sagt hierzu:

> Wir sind gezwungen die Position einzunehmen, daß, wenn der Ausnahmefall zum Matthäusevangelium dazu gehört, es die wahre Lehre unseres Herrn darstellt. Es wäre mit der Inspiration der Schrift unvereinbar, die Lehre des Matthäusevangeliums hinter der von Markus und Lukas zurückzusetzen: Genauso wäre das Gegenteil falsch, nämlich Markus und Lukas gegenüber Matthäus herabzusetzen. In diesem Fall läßt der Bericht des Matthäus den einfachen Schluß zu, daß es eine Ausnahme zu der Regel gibt, wer immer seine Frau entläßt, macht, daß sie Ehebruch begeht, nämlich der vorausgegangene Ehebruch seitens der Frau selbst.[21]

An einer anderen Stelle hebt derselbe Autor hervor: »Diese einzige Ausnahme unterstreicht die Tatsache, daß es keine weiteren gibt.«[22]

Eine Weiterentwicklung dieser Ansicht ergibt, daß der Ehemann (A) sich von seiner Ehefrau (B) scheiden lassen müßte, wenn diese Ehebruch mit einem Dritten (C) begangen hätte. Wenn er das nicht täte, würde er sich selbst in einen Akt der Hurerei verwickeln mit einer Frau, die mit jemandem anderen ein Fleisch geworden ist (ABC). Des Ehemannes einzige Möglichkeit, weiterhin mit seiner Frau zusammen zu leben, wäre nur gegeben in vollkommener Enthaltsamkeit.[23]

Eine zweite Anschauung ist die, daß eine Scheidung erlaubt war, wenn Untreue während der Verlobungszeit passierte. In anderen Worten ausgedrückt, Hurerei war Untreue während der Verlobungszeit. Wenn in dieser Zeit Untreue passierte, mußte die Verlobung aufgelöst werden, was wiederum nur mit einem Scheidungsbrief möglich war. Während der Zeit Jesu war der Brauch wie folgt:

> Zur Verlobung händigte der Bräutigam, persönlich oder durch einen Stellvertreter, der Braut eine gewisse Summe Geld oder einen Brief aus, der die Verlobung zum Ausdruck brachte. Von diesem Moment an war die Verlobung perfekt, und nun wurden beide vor dem Gesetz angesehen und behandelt, als seien sie verheiratet (betreffs möglicher Erbfragen, der Möglichkeit des Ehebruchs und der Notwendigkeit eines formalen Scheidungsbriefes). Nur in bezug auf das Zusammenleben unterschieden sie sich weiterhin von Verheirateten.[24]

Dieses Konzept von einer Scheidung während der Verlobungszeit können wir in dem Dilemma Josephs wiederfinden, als er herausgefunden hatte, daß Maria schwanger geworden war. Er *»dachte daran, sie heimlich zu entlassen«* (Mt 1,19). In anderen Worten, er entschloß sich (ehe ihm der Engel erschien und ihm die Empfängnis durch den Heiligen Geist offenbarte), die Verlobung aufzulösen und seiner Verlobten einen Scheidebrief zu geben. Er wollte das in einer privaten Sphäre tun, d.h. in der Anwesenheit von nur zwei Zeugen. Wenn das die Bedeutung der Ausnahme der Lehre des Herrn Jesus wiedergibt, dann müßten wir heute sagen, daß nur die Auflösung einer Verlobung gebilligt ist, wenn eine

---

21 John Murray, Divorce, Philadephia, Orth. Presb. Church, 1953, S. 47-48.

22 John Murray, »Divorce«, in Baker's Dictionary of Theology, (Grand Rapids: Baker, 1960), S. 169.

23 John Duncan M. Derrett, Law in the New Testament, S. 379.

24 Alfred Edersheim, The Life and Times of Jesus the Messiah, (Grand Rapids: Eerdmans, 1943), 2: 354.

Seite während der Verlobungszeit Untreue verübt, daß die Lehre des Herrn aber keine Scheidung nach der Heirat erlaubt.

Ein dritter Gesichtpunkt wird von denen geäußert, die nicht die Inspiration der ganzen Schrift akzeptieren. Danach hat der Herr in Wahrheit eine Scheidung in jedem Fall verboten, und die Ausnahmeregelung in Matthäus sei nicht ursprünglicher Teil der Lehre des Christus gewesen, sondern eine Glosse, die später hinzugefügt wurde. George Salmon sagt dazu:

> Es scheint mir, daß das Markusevangelium, das keinen Grund für eine Scheidung billigt, wahrscheinlicher die gemeinsame Quelle repräsentiert, als es vergleichsweise das Matthäusevangelium tut, das den Fall der ehebrecherischen Frau ausnimmt. Denn es ist sehr viel leichter, anzunehmen, daß die Worte im Matthäusevangelium eine Zufügung darstellen, als daß im Markusevangelium etwas weggelassen wurde.[25]

Solch ein Standpunkt ist für alle diejenigen unannehmbar, die an die Integrität des gesamten Textes glauben.

Die römisch katholische Kirche duldet keine Ausnahmen, die eine Scheidung erlauben würden. Sie steht dabei dem Problem gegenüber, die verschiedenen Texte miteinander vereinbar zu machen. Die angebotene Lösung dazu ist, »daß sich eine Erklärung sofort finden läßt, sobald wir das Wort ›entlassen‹ als eine Trennung und nicht als endgültige Auflösung der Ehe verstehen«.[26]

Wie dem auch sei, ist das aber nicht die Bedeutung von »entlassen«; es ist nur das Dogma der Kirche.

Schließlich gibt es den Standpunkt, der den Begriff der Hurerei in den beiden Abschnitten des Matthäusevangeliums (nicht überall) mit der besonderen Bedeutung verknüpft, daß eine Heirat zwischen zwei nahestehenden Verwandten stattgefunden hat, was nach 3. Mose 18, 6-18 verboten ist. Wenn das die richtige Interpretation wäre, dann hätte der Herr Jesus gelehrt, daß eine Scheidung nicht erlaubt ist, es sei denn, es hätte eine Heirat zwischen zwei nahestehenden Verwandten stattgefunden. Höchstwahrscheinlich ist das die Bedeutung vom Begriff der Unzucht, wie er in der Apostelgeschichte 15,29 verwendet wird. W. K. Lowther Clarke erklärt das folgendermaßen:

> Da die ersten drei der in Apg 15,29 genannten Ausnahmen für die Heiden erlaubte Praktiken beinhalteten, muß auch die vierte von ähnlicher Natur sein. ... *Porneia* bedeutet hier Heiraten im Rahmen des Levitischen Verbotes. ... Aber für ein Jahrzehnt oder zwei hat besonders an Örtern wie Antiochien das Zusammenleben von Juden und Heiden dazu geführt, daß einige Bestimmungen gelockert wurden und Heirat im verbotenen Rahmen zur alltäglichen Praxis wurde, die allerdings als Porneia bezeichnet wurde. Eine Ausnahme des generellen Scheidungsverbots bestünde dann, wenn ein Mann, der innerhalb des verbotenen Rahmens geheiratet hat, seine Frau entläßt. In diesem Fall hat das Wort Ehebruch eigentlich keine Relevanz. Vielmehr ist die Heirat als null und nichtig anzusehen. ... Es gibt also keine Scheidungen, sondern nur Fälle anullierter Ehen.[27]

Ob jemand daraus schließt, Hurerei bedeutet Untreue in der Ehe, Untreue während der Verlobungszeit oder Heirat zwischen zwei nahestehenden Verwandten, es ist vollkommen deutlich, daß der Herr Jesus um keiner anderen Sache willen eine Scheidung erlaubt.

---

25 George Salmon, The Human Element in the Gospels, London, John Murray, 1908, S. 130-131.

26 Sylvester Joseph Hunter, Outline of Dogmatic Theology, London, Longmans, Green, 1900, 3:416.

27 W. K. Lowther Clarke, New Testament Problems, New York, Macmillan, 1929, S. 59-60.

Noch eine abschließende Bemerkung: Die Jünger betrachteten die Lehre des Herrn als sehr eng, weil ihre Reaktion (sogar im Matthäusbericht, wo die Ausnahme erscheint) ist, *»wenn die Sache eines Mannes mit seiner Frau so steht, ist es nicht gut zu heiraten«* (Mt 19,10). Das scheint den Gedanken zu unterstützen, daß der Herr Jesus grundsätzlich Scheidung nach einer Heirat nicht erlaubte. Denn wenn er gesagt hätte, es wäre im Fall der Unzucht zu erlauben, dann läge seine moralische Vorstellung nicht weit entfernt von der der Schammaischule, und das hätte kaum eine solche Erwiderung seitens der Jünger provoziert. Man könnte dazu neigen, den zweiten oder den letzten Gesichtspunkt als richtige Interpretation der Ausnahmebedingung für eine Scheidung anzusehen und daß der Herr Jesus grundsätzlich keine Scheidung nach einer Heirat billigte.

Die Lehre des Apostels Paulus

Paulus scheint mit der Lehre Christi übereinzukommen, denn er lehrt keine Trennung unter Gläubigen (1Kor 7,10). Für den Fall einer unauthorisierten Trennung bietet Paulus folgende zwei Alternativen an: Die Frau muß Zeit ihres Lebens unverheiratet bleiben oder sie muß sich mit ihrem Mann versöhnen (1Kor 7,11). In diesem Fall betont Paulus, die Lehre des Christus wiederzugeben. Er führt dazu keine Ausnahmen an.

Paulus behandelt auch gewisse Fälle, über die der Herr Jesus nichts sagte (das ist die Bedeutung des Ausspruchs: *»Den Übrigen aber sage ich, nicht der Herr«*, V. 12). Das sind die Fälle der geistlich gemischten Ehen (ein Partner ist gläubig, der andere nicht). Wieder ist die Regel: Keine Trennung (1Kor 7,12-16). Das Jüdische Gesetz verlangte, den Ungläubigen zu entlassen (Esra 9,1-10,44), aber der Christ sollte mit dem ungläubigen Partner leben, um zu Hause ein Zeugnis zu sein. Das könnte dazu führen, daß der Partner und die Kinder zum christlichen Glauben finden würden. Die

Gegenwart des Gläubigen garantiert nicht die Errettung der anderen, er hat aber eine gute Gelegenheit, das Evangelium vorzuleben. Darum sind die Kinder aus geistlich gemischten Ehen »heilig«, im Gegensatz zu Kindern von rein ungläubigen Eltern. Wiederum ist eine Scheidung nicht erlaubt. Die Ehe sollte erhalten bleiben, wenn der ungläubige Partner damit einverstanden war.

Zusammenfassend können wir sagen: Unser Herr Jesus Christus hat die Unauflösbarkeit der Ehe als die Norm gelehrt. Ehen zwischen nahen Angehörigen mögen anulliert werden, Verlobungen mögen wegen Untreue aufgelöst werden, Ehen aber sind permanent. Und das war Gottes Absicht von Anfang an. Die Lehre des Apostels Paulus ist dieselbe; er fügt sogar noch hinzu, daß es zu keiner dauernden Trennung kommen sollte, weder in Ehen von Gläubigen noch in Ehen von geistlich gemischten Partnern. Das ist gewiß keine Schlußfolgerung, die leicht anzunehmen oder zu lehren ist, besonders in Zeiten, wo Scheidungen so leicht sind. Dennoch scheint es die Lehre der Schrift zu sein.

Wiederheirat

Wenn jemand den Standpunkt einnimmt, daß Hurerei ein legitimer Grund ist, sich scheiden zu lassen, dann folgt er der Ansicht, daß eine Wiederheirat für den unschuldigen Teil auf der Grundlage von Matthäus 19,9 erlaubt ist. »Unschuldiger Teil« ist ein relativer Term, der ausdrückt, daß der das Recht hat, wiederzuheiraten, der eigentlich keinen Ehebruch begannen hat. Wenn andererseits die Lehre des Herrn so zu verstehen ist, daß sie Scheidungen verbietet, würde die Frage der Wiederheirat niemals auftauchen.

Die Bedeutung der Lehre des Apostels Paulus in 1. Korinther 7,15 wird in diesem Zusammenhang diskutiert: *»Wenn aber der Ungläubige sich scheide, so scheide er sich. Der Bruder oder die Schwester ist in solchen Fällen nicht gebunden* (wörtlich: geknechtet). *Zum Frieden hat uns Gott* (doch) *berufen.«* Viele verstehen diese Worte so, daß ein von seinem ungläubigen Partner verlassener Gläubiger wieder heiraten dürfe. Dafür spricht auch die Tatsache, daß das Wort »verlassen« hier der Fachausdruck für Scheidung ist.[28]

Andere wiederum verstehen Paulus an dieser Stelle so, daß man seinen ungläubigen Partner am Verlassen nicht über ein vernünftiges Maße hinaus hindern soll. Eine weitere Bindung wäre dann wie Sklaverei. Eine Scheidung ist verboten; die Trennung jedoch mag in diesem Fall einer geistlich gemischeten Ehe von dem gläubigen Partner akzeptiert werden. Dieser Vers behandelt allerdings nur Fälle von geistlich gemischten Ehen.

Natürlich ist eine Wiederheirat denjenigen klar erlaubt, die ihre Partner durch Tod verloren haben. In diesem gleichen Kapitel erkennt Paulus dies an, sofern die Wiederheirat mit einem Gläubigen geschieht (V. 39: *»nur in dem Herrn«*). In ähnlicher Weise schlägt Paulus jüngeren Witwen vor, wieder zu heiraten (1Tim 5,14).

Um es zusammenfassend auszudrücken: Manche glauben, der unschuldige Teil in einem Fall von Ehebruch mag sich selbstverständlich wieder verheiraten und der verlassene Gläubige in einer geistlich gemischten Ehe mag sich ebenso wie die Witwe oder der Witwer wieder verheiraten. Andere halten mehr dafür, daß nur die Witwe oder der Witwer frei sind, wieder zu heiraten. Es scheint, daß die striktere Ansicht zu diesem Thema klarer die Lehre der Schrift wiedergibt.[29]

---

28 James Hope Moulton and George Milligan, The Vocabulary of the Greek New Testament, Grand Rapids, Eerdmans, 1949, S. 695-96.

29 Für detailliertere Argumente, die sich mit dem Pro und Contra der verschiedenen Ansichten über Scheidung und Wiederheirat auseinandersetzen, siehe: H. Wayne House, ed. Divorce and Remarriage: Four Christian Views, Downers Grove III.: Inter Varsity, 1990.

Einige praktische Überlegungen

Eine Frage, die häufiger gestellt wird, lautet: Wenn eine Scheidung und Wiederheirat geschehen, bevor jemand zum Glauben gekommen ist, verändern sich dann die Umstände? Ist nicht der Schmutz in dem Moment abgewaschen, wo man gerettet wird, so daß keine Scheidung oder Wiederheirat die Zukunft der betroffenen Parteien beeinträchtigt? Diese Ansicht vergißt zwei wichtige Überlegungen miteinzubeziehen. Erstens, obwohl es absolut richtig ist, daß in dem Moment der Errettung die Schuld der Sünde absolut vergeben ist, ist es nicht wahr, daß die Geschichte der Vergangenheit damit ausgelöscht wurde. Der im Gefängnis errettete Kriminelle wird nicht automatisch entlassen, ebensowenig wie sein Strafregister plötzlich verschwindet. Manchmal sind die hingebungsvollsten Kandidaten für den Missionsdienst durch ein Strafregister in ihrem eigenen Land gehindert, einem Ruf in ein anderes Land zu folgen, da sie kein Visum bekommen. Das polizeiliche Führungszeugnis braucht nur eine Kleinigkeit aufzuweisen, und es macht keinen Unterschied, ob der Vorfall stattfand, bevor oder nachdem man errettet wurde.

Ein anderer wichtiger Punkt in dieser Überlegung ist der, daß die grundlegende Idee der Heirat die des »einen Fleisches« ist. Ein Fleisch zu werden bedeutet nicht in jedem Fall eine Ehe, ebenso wie eine Ehe nicht immer dazu führt, ein Fleisch zu werden. Trotzdem hat Geschlechtsverkehr immer zur Folge, daß die Partner ein Fleisch werden (siehe 1Kor 6,16). Dieser Punkt unterstreicht eindrucksvoll die Lehre des Herrn Jesus über Scheidung, und er ist auch teilweise die Grundlage für den Rat des Paulus, daß gemischte Paare zusammenbleiben sollten. Die Rettung des Paares oder eines Teiles davon ändert in keinem Fall die Tatsache, daß sie ein Fleisch gemacht wurden, als sie heirateten. Wenn diese Verbindung durch eine Scheidung zerbrochen wurde, dann ist mit der Errettung diese Sünde vergeben. Aber die Tatsachen der Geschichte können nicht umgewandelt werden.

Eine andere Frage lautet: Was bedeuten die Worte *»Mann einer Frau«* (1Tim 3,2.12; Tit 1,6), und wie läßt er sich in diese Diskussion einbeziehen? Es gibt über die Bedeutung dieser Worte viel Uneinigkeit, die sich auf zwei Grundpositionen zurückführen lassen: Das Wort bedeutet ein Verbot von Bigamie und Polygamie (mehr als eine Frau zur selben Zeit), oder es verbietet Digamie (zweimal legal verheiratet zu sein). Die erste Anschauung ist natürlich leicht zu akzeptieren, dagegen spricht allerdings, daß es unnötig gewesen wäre, Polygamie zu verbieten, weil sie weder bei den Römern noch bei den Griechen üblich war. Es ist nicht so einfach, sich vorzustellen, dies sei ein Verbot einer zweiten Heirat nach dem Tod der ersten Frau, und doch scheint Paulus genau dieses zu sagen. Den gleichen Ausspruch finden wir in 1. Timotheus 5,9, wo es deutlich ausgedrückt ist, eine Witwe nur dann in das Verzeichnis aufzunehmen, wenn sie eines Mannes Frau war.

Der einzige Einwand gegen die Überlegung, daß diese Anweisung Digamie verbietet, ist eine andere Stelle, wo Paulus eine zweite Heirat nach dem Tod des Ehegatten erlaubt (1Kor 7,9). Alan G. Nute sagt dazu: »Vielleicht hielt er es für ratsam, den verantwortlichen Männern eine strikte persönliche Disziplin nahezulegen, so daß sie von einer Wiederheirat nach dem Tod ihrer Partner absehen sollten.«[30]

Eine letzte Frage: Gibt es niemals gerechtfertigte Gründe für eine Scheidung? Wenn »gerechtfertigt« im Sinne der Schrift verstanden wird, scheint die Antwort »Nein« zu heißen. Alles im Neuen Testament deutet auf die Unantastbarkeit der Ehe hin. Die Ehe nimmt die höchste Idealstellung ein und muß unverletzlich erhalten werden. Jedoch leben Gläubige nicht immer den idealen Maßstäben

30 Alan G. Nute, »The Pastoral Letters«, in A New Testament Commentary, ed., GCD. Howley, Grand Rapides: Zondervan, 1969, S. 510.

Gottes gemäß, so daß Scheidungen stattfinden. In der Tat scheint es in einigen Fällen so zu sein, daß eine Scheidung nicht nur unvermeidbar sondern auch wünschenswert ist. Alles sollte unternommen werden, um das Auflösen einer Ehe zu verhindern. Wenn es aber vorkommt, dann scheint Wiederheirat nicht zur Diskussion zu stehen. Wenn aber Scheidung und/oder Wiederheirat passiert, bedeutet das nicht, daß Gott diese Personen nicht mehr gebrauchen kann. Es schließt gewisse Restriktionen im Dienst ein, demzufolge eine geschiedene oder wiederverheiratete Person nicht als Vorbild für junge Menschen in der Gemeinde hingestellt werden soll. Die Gemeinde sollte solche Leute aufnehmen und ihnen in ihren speziellen Nöten dienen und helfen, für sie einen Platz zu finden, an dem sie gebraucht werden können.

Vielleicht verwenden wir heute zuviel Zeit damit, den Unschuldigen zu suchen oder Bedingungen aufzustellen, wonach geschiedene Personen getraut werden dürfen oder wo solche Personen in der lokalen Gemeinde dienen können. Diese Fragen sollten recht überlegt werden. Aber es ist viel wichtiger, junge Leute zu lehren, was die Schrift über die Ehe sagt. Der Grundsatz lautet: *»Was nun Gott zusammengefügt hat, das soll der Mensch nicht scheiden«* (Mt 19,6).

5 Die Frage der Rasse

Es gibt viele Gründe dafür, warum Fragen über die Rassen in der Diskussion unserer Tage wichtig sind. Menschenrechtsgruppen haben dieses Thema auch solchen nahegebracht, die niemals zuvor etwas damit zu tun hatten. Einige Gemeinden haben als Wiedergutmachung vergangener Sünden Summen von Geld an Minderheitsgruppen gespendet. Was sagt uns die Bibel über rassische Unterschiede, und was sollte die Einstellung eines Gläubigen den anderen Rassen gegenüber sein?

Der Fluch Kanaans (1Mo 9,20-27)

Unglücklicherweise glauben auch heute noch manche Christen, daß die Bibel über einige Rassen einen Fluch ausgesprochen hat, der sie minderwertig macht. Das beruht auf einem Mißverständnis des Fluches, den Noah nach der Flut über Kanaan aussprach. Weil dieser Irrtum noch heute fortbesteht, ist es gut, die Geschichte zu untersuchen, aus der er abgeleitet wurde.

Die Sünde Noahs

Einige Zeit war nach der Flut verstrichen, denn Noahs Sohn Ham hatte bereits Kinder, als Noah und seine Familie begannen, die Erde wieder zu kultivieren. Offensichtlich hatte Noah nicht zum ersten Mal in der Geschichte der Welt Weinberge angelegt. Ackerbau war ja bereits seit der Zeit Kains bekannt (1Mo 4,2), und die Folgen exzessiven Weintrinkens waren den Menschen wohl auch schon früher bekannt gewesen. Obgleich das Wort *trinken* in Matthäus 24,38 nicht notwendigerweise Trunkenheit einschließt, bezieht sich das Wort für *essen* in diesem Vers auf das Fressen von Pferden und Eseln, womit uns eine Vor-Flut-Welt vor Augen geführt wird, die voll animalischer Freuden war. Noahs Betrunkenheit war nicht der erste solche Fall in der Geschichte der Welt, was sein sträfliches Verhalten unterstreicht. Die Tatsache, daß er als Mann des Glaubens vor der Flut ein Zeugnis gegenüber der ganzen Welt gewesen war, macht seine Sünde um so schlimmer.

Das Reifen der Trauben führte zur Herstellung eines Getränkes; der Geschmack des Weines führte zum übermäßigen Genuß und dieser führte zur Benommenheit, die Noah dazu veranlaßte, sich niederzulegen. Dann führte ihn die Erwärmung durch den Wein zum Entblößen (das Verb in 1. Mose 9,21 ist nicht eine passive Form »wurde entblößt«, sondern bedeutet »entblößte sich selbst«). Und die Vorbereitung für das folgende Drama war vollendet.

Ham kam herein und sah seinen entblößten Vater. Das Wort für *sehen* bedeutet hier mehr als einen harmlosen oder zufälligen Blick. Es bringt zum Ausdruck, daß Ham diesen Anblick seines Vaters genoß. Obwohl Hams Verhalten seinem Vater gegenüber nicht offenkundig anstößig war, bezeugt seine Handlungsweise doch einen großen Mangel an gebührendem Respekt eines Sohnes. Sodann ging er hinaus, seinen Brüdern zu erzählen, was er gesehen hatte.

Im Gegensatz dazu gingen Sem und Jafet rückwärts in das Zelt ihres Vaters hinein, um nicht den Zustand ansehen zu müssen, in dem sich ihr Vater befand. So deckten sie seinen nackten Körper zu. In unserer Zeit der Entblößung und Gleichgültigkeit, der Respektlosigkeit und Frechheit der Kinder gegenüber ihren Eltern, erscheint diese Geschichte von Noah und seinen Söhnen beinahe trivial, wenn nicht gar bedeutungslos. Aber Gott sah das nicht so an, denn sie machen damals wie heute deutlich, daß in den Herzen der Beteiligten etwas nicht in Ordnung war.

Noahs Prophezeiung

Als Noah aufgewacht war, erkannte er sogleich (»wußte«, V. 24 bedeutet, etwas durch Untersuchung herausfinden), was sein jüngster Sohn ihm angetan hatte. Dann sprach er einen Segen über Sem und Jafet aus und anschließend einen Fluch, nicht über Ham, sondern über einen seiner vier Söhne, über Kanaan, aus (1Mo 10,6). In diesem Punkt liegt der Fehler, den viele Leute hinsichtlich dieser Prophetie machen. Sie glauben, der Fluch sei über Ham ausgesprochen und deshalb auch über die afrikanische Bevölkerung. Die anderen Söhne Hams sind: Kusch - Äthopien, Mizrajim - Ägypten und Put - Lybien. Aus ihnen gingen die Stämme hervor, die Afrika bevölkerten. Jeder, der darüber nachdenkt, wird erkennen, daß Kanaan der Vater derer war, die Phönizien und Palästina eroberten, die Kanaaniter.

Kanaans Söhne (1Mo 10,15-18) waren Sidon, die Einwohner Phöniziens im Libanon, Het, die Hetiter in Syrien (Jos 1,4), die Jebusiter, die im Umland der Berge Jerusalems wohnten, die Amoriter, die das Bergland auf beiden Seiten des Jordans bevölkerten, Girgaschiter, Einwohner Kanaans (1Mo 15,21), Hewiter, die frühen Bewohner Syriens und Palästinas, Arkiter, Bewohner des Libanon (1Chr 1,15), Siniter, Libanesische Küstenbewohner, Arwaditer, Einwohner einer Insel vor der syrischen Küste, 50 Kilometer nördlich von Byblos, Zemariter, die im Gebiet Benjamins lebten, und die Hamatiter, die in der Gegend des Flusses Oront lebten. Es ist ganz deutlich, keine von ihnen waren Einwohner Afrikas. Die Kanaaniter waren verfluchte Einwohner Palästinas, die Gott unter Josua zu zerstören befahl. Die Unterwerfung dieser Völker entsprach der Erfüllung von Noahs früherer Prophezeihung ihrer Knechtschaft. Weil es aber die Israeliten nicht vermochten, sie vollständig zu zerstören, als sie in ihr Land kamen, wurde die Religion der Kanaaniten von ihnen übernommen, was dazu führte, daß die Israeliten nunmehr eine Art von kanaanisiertem Gott Israels anbeteten. Ebenso konzentrierte sich auch die phönizische Religion auf die Baalsanbetung und Fruchtbarkeitskulte.

Die Assyrier nahmen phönizische Städte im Jahre 842 v. Chr. ein. Nach dem Untergang Assyriens kontrollierten die Babylonier dieses Territorium, danach die Perser und dann Alexander der Große, der das Gebiet 332 v. Chr. eroberte. Griechisch und Aramäisch lösten die phönizische Sprache ab, und obwohl die Städte, bis sie 600 n. Chr. an moslemische Eindringlinge fielen, bedeutsam blieben, war das eigentliche Volk der Phönizier zur Zeit der römischen Eroberung 64 v. Chr. bereits sehr vermischt.

Mit Sicherheit erging der Fluch über Kanaan und nicht über Ham!

Die Frage aber, warum gerade Kanaan dieser Fluch traf, ist schwer zu beantworten. Einige vermuten, daß Ham nicht mehr von seinem Vater verflucht werden konnte, da er schon einen Segen bekommen hatte (1Mo 9,1) und daß dafür der Fluch auf Kanaan fallen mußte. Andere sind der Meinung, daß, obwohl Kanaan keine direkte Mitwirkung an dem Ungehorsam Hams hatte, dessen Mangel an Respekt seinem Vater gegenüber durch einen Sohn bestraft wurde, der ihm Unehre bereitete. Mit anderen Worten wurde Ham in seinem Sohn bestraft. Wie auch immer die Antwort dazu sein mag, die Bestrafung war offensichtlich, und sie war von Gott.

Um zusammenzufassen: der Fluch auf Kanaan war von Gott, er war nicht gegen Ham oder seine anderen drei Söhne gerichtet (gegen die farbigen Afrikaner). Seine Auswirkung war wegen der extremen Gottlosigkeit der Kanaaniter verdient. Heute ist dieser Fluch irrelevant, da es praktisch unmöglich ist, einen Kanaaniter als solchen zu identifizieren.

Die Ethik im Neuen Testament

Über die Unparteilichkeit

Mehrere wichtige Passagen des Neuen Testamentes beziehen sich auf Gottes Unparteilichkeit in ethnischen Fragen. Petrus erkennt, daß Gott heute die Botschaft der Rettung durch Glauben an Jesus Christus allen Menschen aus allen Nationen anbietet, unabhängig von ihrer ethnischen Herkunft (Apg 10,34-35). So sollte es Aufgabe der Gläubigen sein, das Evangelium allen Menschen ohne Ansehen der Rasse oder Nation zu bringen. Das Neue Testament erinnert uns auch daran, daß das Gericht ohne Ansehen der Person geschieht (Röm 2,11; 1Petr 1,17). Arbeitgeber werden in eindringlicher Weise ermahnt, ihre Angestellten unparteiisch zu behandeln (Eph 6,9; Kol 3,25).

In der Gemeinde ist Parteilichkeit verboten (Jak 2,1-9). Jakobus behandelt das Problem des ungerechten Vorzuges in der frühen Gemeinde an Hand derer, die Geld hatten. Ihnen wies man ehrenvolle Plätze zu, wogegen man die Armen nach hinten abschob. Obwohl diese Stelle den Unterschied kritisiert, den man auf Grund von ökonomischen Verhältnissen macht, läßt sich ihre Kritik auch auf rassistische Parteilichkeit beziehen. Jemanden zurückzuweisen oder ihm einen minderwertigen Platz zuzuweisen, weil er nicht zu der Rasse der Mehrheit der Anwesenden gehört, bedeutet, »Personen anzusehen« und damit eine »Sünde zu begehen« (V. 9).

Die Gemeinde in Antiochien ist ein Beispiel für rassenübergreifende Unparteilichkeit. Die Führer, die in Apostelgeschichte 13,1 erwähnt werden, waren wahrscheinlich alle jüdische Gläubige. Einer von ihnen, Simeon, hatte den Beinamen Niger. Das ist das lateinische Wort für schwarz. Dies könnte bedeuten, daß er ein Jude afrikanischer Herkunft oder ein afrikanischer Heide war, der sich als Proselyt dem

Judentum angeschlossen hatte. Aber in der Gemeinde teilte er die gleichen Führungsaufgaben mit solchen, die andere Hintergründe hatten.

Um zusammenzufassen: Gläubige müssen unparteiisch sein in der Verkündigung des Evangeliums, in der Beziehung zwischen Arbeitgeber und Arbeitnehmer und in der Annahme aller, die in die Gemeinde kommen.

Über verschiedene Unterschiede

Unparteiliches Handeln bedeutet nicht, allen gegenüber gleich zu handeln. Das Neue Testament lehrt auch die Prinzipien gewisser Unterschiede. Einheit und Vielfalt müssen nicht im Gegensatz zueinander stehen. Das Neue Testament betont beides innerhalb des Leibes Christi. Die Vielfalt geistiger Gaben soll die Einheit des Glaubens und die Erkenntnis des Sohnes Gottes hervorbringen (Eph 4,11-13). Die Einheit in Christus löscht natürliche Merkmale und Möglichkeiten, was Position oder Besitz betrifft, nicht aus (Gal 3,28). Dieser Vers kann nicht bedeuten, daß der Unterschied zwischen Männern und Frauen aufhört, wenn sie Christen geworden sind. Auch bedeutet er nicht, daß Juden und Heiden nicht mehr voneinander zu unterscheiden sind. Und in der Tat, obwohl Juden und Heiden zusammen gearbeitet und gemeinsame Versammlungen besucht haben, ließ sich doch die Tatsache ihrer Verschiedenheit erkennen (1Kor 10,32; Gal 6,16). Als unterschiedliche Hintergründe zu einer ernsten Meinungsverschiedenheit über Lebensformen der Christen führten, versuchte die frühe Gemeinde unter den verschiedenen Rassen dadurch Harmonie zu erzeugen, daß sie einige Richtlinien für die Christen ausgab (Apg 15,19-20; 1Kor 9,20-21).

Um zusammenzufassen: Besonderheiten, inbegriffen rassische Besonderheiten, bleiben auch nach der Errettung bestehen. Sie beeinflussen nicht das geistliche Erbe. Vielmehr beeinflussen sie die Verschiedenartigkeit geistlicher Dienste (wie im besonderen Fall der Männer und Frauen) und das Verhalten im geistlichen Leben bei Menschen, die aus verschiedenen Hintergründen kommen.

Gegenwärtige Probleme und deren Lösungen

Christusgleichheit

Das Ziel des Lebens eines Christen und sein Verhalten ist Christusgleichheit. Das kann man am besten lernen, wenn man die Evangelien, in denen Christus beschrieben ist, fortwährend studiert und unter geistgewirkter Führung alle darin geoffenbarten Prinzipien anwendet. Die Stellen, die uns bezüglich unseres hier betrachteten Themas am besten weiterhelfen, sind wahrscheinlich die Worte Christi über die Samariter (siehe Lukas 9,52; 17,16; Johannes 4;9,39). Unter diesen Stellen ist ohne Zweifel die Geschichte des barmherzigen Samariters in Lukas 10,30-37 besonders herausragend. Die Geschichte wurde erzählt als Antwort auf die Frage: »*Wer ist mein Nächster?*« (10,22). Die Antwort lautet: Die Person, die in Not ist und meinen Weg kreuzt. Ohne Ansehen ökonomischer, politischer, nationaler oder rassischer Unterschiede.[31]

Der Ausspruch, meinen *Weg kreuzt* ist wichtig. Es ist leicht, über die Nöte und Bedürfnisse der Armen zu reden, ohne einigen von ihnen speziell zu helfen. Es wird nicht gesagt, der Gläubige trägt keine Verantwortung für diejenigen, die er nie-

31 Genaugenommen lautet die Antwort des Herrn: »Der Samariter ist dein Nächster und du gleichst dem hilflosen Verwundeten. Um ewiges Leben zu erben, mußt du dir von dem Verachteten (vgl. Joh 8,48) helfen lassen. In diesem Gleichnis stellt sich also der Herr als Samariter dar und widerspricht damit den rassistischen Vorurteilen der Juden aufs schärfste.

mals sah. Es wird aber gesagt, daß sich Sorge um eine Personengruppe in Wahrheit nur ausdrücken kann, wenn ich für den einen oder anderen aus dieser Gruppe etwas tue.

Anteilnahme

Der Christ sollte ein Anliegen haben. Höchste Priorität sollte dem Ziel gewidmet werden, allen Menschen das Evangelium zu bringen, denn darin drückt sich der Wille des Herrn aus. Allen Menschen Wohl zu tun, besonders den Gläubigen, ist auch ein Gebot (Gal 6,10). Kein einzelner oder gar eine Nation wird dafür verdammt werden, daß sie im Vergleich mit anderen reich und wohlhabend ist. Wie der Reichtum erworben und zu welchem Nutzen er eingesetzt wurde, wird von Gott beurteilt. Es ist die Pflicht eines Christen, im Rahmen der Gesetze gegen Ungerechtigkeit zu kämpfen. Ein politischer Revolutionär zu sein, ist dagegen verboten (1Petr 2,13-15). Jedes Gebot, das den Umgang der Gläubigen untereinander regelt, muß ohne Rassenvorbehalte befolgt werden. Das schließt natürlich ein, daß alle Gläubigen, die darum bitten, in eine lokale Gemeinde aufgenommen werden.

Der Weg des Gehorsams, der zur praktischen Anwendung der Gebote führt, ist in den vielen verschiedenen Situationen des Alltags nicht so einfach zu erkennen, wie das Gebot selbst. Bei vielen praktischen Problemen, denen ein Christ gegenübersteht, ist die soziologische Seite wichtiger als die

---

32 Timotheus wurde in einer gemischten Ehe geboren. Sein Vater war Heide, seine Mutter eine Jüdin (Apg 16,1). Wogegen Antropologen für gewöhnlich nicht das Wort Rasse benutzen, um sich auf Juden und Heiden zu beziehen, definiert Webster's Third New International Dictionary den Begriff der Rasse mit »einer Klasse oder Art von Individuen gleicher Charakteristiken, Interessen, Erscheinungen und Gewohnheiten, soweit sie von gleichen Vorfahren herrühren« und gibt die jüdische Rasse als ein Beispiel dafür an.

33 A. N. Triton, Whose World? London, InterVarsity, 1970, S. 182-183.

theologische. Der Gläubige wird in der Bibel nicht auf jedes seiner speziellen Probleme eine Antwort finden, so daß es unvermeidbar ist, von soziologischen Faktoren beeinflußt zu werden. Zum Beispiel verbietet das Neue Testament nicht eine gemischt-rassige Ehegemeinschaft, aber es befürwortet sie auch nicht.[32]

Die Bedingungen, unter denen die Kinder aufgezogen werden müssen, mag die Entscheidung für eine solche Ehe schon beträchtlich beeinflussen. Die damit zusammenhängenden Faktoren sind beispielsweise in Hawaii andere als in den Südstaaten.

Die Bibel verurteilt es nicht, wenn jemand einer biblischen Gemeinde gegenüber einer anderen den Vorzug gibt. Aber sie verurteilt Parteilichkeit in jeder Gruppe, ganz gleich wie sie sich manifestiert. Klassenvorurteile sind so falsch wie Rassenvorurteile.

Die Frage, inwieweit das Evangelium die Gesellschaft berührt, würde den Rahmen dieses Kapitels sprengen. Hier soll die Bemerkung genügen, daß die wesentliche Botschaft des Neuen Testamentes das Sterben Christi für unser Heil ist. Diese Botschaft hat nicht das Ziel, sozialen, kulturellen oder anderen menschlichen Nutzen zu bringen (siehe 1Kor 15,3-5). In unserem christlichen Zeugnis dürfen wir den Karren nicht vor den Ochsen spannen. A. N. Triton gibt dazu eine gute Zusammenfassung:

> Die Bibel ist um unsere Gesellschaft besorgt. Aber es gibt kein gesellschaftliches Evangelium. Es gibt soziale Gesetze. Und es gibt das Evangelium der Errettung in Jesus Christus, das einen weitreichenden Einfluß auf die Gesellschaft hat, wenn Menschen, die das Evangelium angenommen haben, es auch im Leben praktizieren. Wahre Christen werden danach trachten, zunehmend Christus ähnlicher zu werden. Wir müssen ihm folgen, dessen Leben darin bestand, Gutes zu tun, oder wir sind falsche Christen.[33]

6 Die Frage der Situations-Ethik

»Du sollst keinen Ehebruch begehen - üblicherweise.«
»Du sollst nicht stehlen - gewöhnlicherweise.«
»Du sollst nicht gelüsten - generellerweise.«

So, sagen einige, hätte Joseph Fletcher die Gebote in seiner Situations-Ethik umgeschrieben. Befreie dich von kindlichen Abhängigkeiten gegenüber moralischen Gesetzen und Systemen, entscheide moralische Fragen situationsgebunden und lerne es, »mutig zu sündigen«, lehrt er, so daß wir als freie Menschen leben können. Ideale Liebe sei der Schlüssel zu richtigen Handlungen, selbst wenn die Handlung an sich Sünde wäre. »Zu lügen könnte in einer bestimmten Situation christlicher sein, als die Wahrheit zu sprechen, und zu stehlen könnte besser sein, als privates Eigentum zu respektieren. Keine Handlung ist gut oder richtig in sich selbst. Es hängt davon ab, ob sie Menschen verletzt oder hilft, ob sie oder ob sie nicht dem Anliegen der Liebe dient. Dabei wird die Liebe als persönliche Anteilnahme in der jeweiligen Situation verstanden.«[34]

Viele haben auf diese neue Ehtik mit großem Enthusiasmus reagiert. Harvey Cox führte die Zustimmung, die Fletcher

34 Joseph Fletcher, Moral Responsibility: Situation Ethic at Work, Philadelphia, Westminster, 1967, S. 34.

erlebte auf die simple Tatsache zurück, daß Amerikaner im Ganzen besser erzogen sind und sie ihre Zuvorkommenheit in ihren ethischen und religiösen Einstellungen ausstrahlen.«[35]

Ebenso gab es aber auch viele Kritiker. Ein Boulevard-Blatt übt in seiner Ausgabe scharfe Kritik an Fletcher:

> Wir müssen annehmen, daß diese Modernisten die altgewohnte Weise der Nachfolge Christi abschaffen und uns alle zu Minichristen machen wollen. ... Womit wir es aber eigentlich zu tun haben, ist die Entartung der Moral. ... Unglücklicherweise ziehen Dr. Fletchers Trugschlüsse viele junge Menschen an. Es ist immer verlockend, einen bequemen Ausweg zu finden. ... Wir können stets mit vielen Nachfolgern rechnen, die ihre moralischen Entartung damit zu rechtfertigen suchen, daß sie sagen, was wir in Wahrheit tun, ist eine »moderne« Einstellung zur Religion.
>
> Das Lexikon gibt eine passende Erklärung für den von Fletcher verwendeten Sophismus: »Sophismus - ein Argument zur Täuschung, im Redestreit, zur Anzeige intellektueller Brillianz, die in ihrer Form richtig erscheint, aber im Grunde null und nichtig ist.«

Das ist Dr. Fletcher und seine »Situations-Ethik«[36].

Die Lehre der Situations-Ethik

Wer nun ist dieser Fletcher, und was glaubt er? Nicht so, wie seine Freunde und Gegner ihn interpretieren, sondern was sagt er selbst in seinen Schriften von sich? Joseph Fletcher (geb. 1905) arbeitete als Bergmann, in einer Seilfabrik, als Sozialarbeiter und als Kaplan an einem College. Siebenundzwanzig Jahre war er Professor für Soziale Ethik an der Bischöflichen Theologischen Schule in Cambridge, Massachusetts. Später lehrte er Ethik an der Universität der Virginia Medical School. Cox nennt ihn den

»Fürsprecher des sozialen Christentums gegründet in echter Frömmigkeit.«[37]

Fletchers Buch *Situation Ethics: The New Morality* (Situations-Ethik, Die neue Moral) erschien erstmalig 1966. Im nächsten Jahr folgte ein Buch mit dem Titel *Moral Responsibility* (Moralische Verantwortung), das eine Sammlung verschiedenartiger Artikel und Vorträge ist. In seinem früheren Buch ist seine Meinung deutlich ausgedrückt, in seinem späteren ist sie verschleiert.

Zunächst diskutiert Fletcher drei Zugänge zur Ethik. Das erste Extrem ist Gesetzlichkeit, die er mit jedem System gleichsetzt, dessen Autorität sich aus einem Regelbuch wie die Bibel ableitet. Dann das entgegengesetzte Extrem, die Gesetzlosigkeit, die keine Regeln kennt. Beispiele sind der Liberalismus, die Bewegung der moralischen Aufrüstung und der Existentialismus. Und genau in der Mitte davon (und wahrscheinlich das beste wegen der Ausgewogenheit zwischen beiden Polen) steht die Situations-Ethik. Fletcher betont den Unterschied zum Existentialismus, weil die Situations-Ethik unser Erbe, nämlich moralische Urteilskraft und Liebe, als Richtschnur verwendet.

Zum Zweiten legt er einige Voraussetzungen zu seiner Position dar, wobei er philosophische Fachausdrücke benutzt. Er behauptet, daß Situations-Ethik pragmatisch sei, weil die jeweilige Situation richtungsweisend sei; außerdem sei sie vom Relativismus geprägt, denn man darf niemals »nie« oder »immer« sagen, »perfekt« oder »absolut«. Der Positivismus bewirke, daß die Liebe im tiefsten Innern den Kurs angibt (obwohl man das nicht beweisen kann), und der Personalismus, daß Menschen und nicht Dinge von primärer Bedeutung sind.

---

35 Harvey Cox, ed., The Situation Ethics Debate, Philadelphia, Westminster, 1968, S. 11.

36 Ausgabe, The Rocky Mount (North Carolina) Telegram, 13. Januar 1967.

37 Cox, S. 10.

Drittens (und das ist der Kern seiner Überzeugung) listet er die Punkte auf, die die Prinzipien der Situations-Ethik darstellen:

1. Nur die Liebe ist vom Wesen her gut. Diese höchste Form der Liebe ist das einzig Gute, das es gibt.
2. Die beherrschende Norm christlicher Entscheidungen ist die Liebe.
3. Liebe und Gerechtigkeit ist das gleiche, denn Gerechtigkeit ist Liebe, die ihren Kopf einsetzt.
4. Liebe ist nicht Sympathie, denn Liebe wünscht dem Nachbarn Gutes, auch wenn wir ihn nicht mögen. Folglich ist die Liebe unparteiisch.
5. Nur das Ziel rechtfertigt die Mittel, sonst nichts. Natürlich ist das Ziel die Liebe. Also rechtfertigt ein liebevolles Ziel jedes Mittel, einschließlich Lügen, Diebstahl, Ehebruch oder Mord. Fletcher sagt, wir müssen uns vier Fragen stellen, um durch den Zweck die Mittel zu »heiligen«. Sie lauten: Was ist der ersehnte Zweck? Welches sind die Mittel, die ich einsetze, um diesen Zweck zu erreichen? Was ist die Motivation, diese Mittel zu benutzen? (Es sollte verantwortungsvolle Liebe sein.) Welche Konsequenzen sind vorhersehbar? Die Beantwortung dieser Fragen wird die Mittel, die verwendet werden, bestimmen.
6. Diese fünf Lehrsätze führen zu einem sechsten, der bestimmt was ein gutes Ziel ist, so daß Liebe jeweils situationsgebunden entscheidet. Liebe ist nicht das, was man herkömmlich darunter versteht, sondern situationsgebunden. Es scheint, daß die ersten fünf Punkte zum sechsten in einem Gegensatz stehen. Denn hat Fletcher nicht Vorgaben gemacht, die zu beachten sind, bevor eine Situation eintritt? Wie kann er dann gleichsam sagen, daß Liebe *momentan* entscheidet, da sie nicht festgelegt, sondern situationsgebunden ist. Entweder macht der sechste Punkt die fünf vorangegangenen unnötig oder die fünf machen den sechsten unmöglich. Natürlich würde Fletcher hierauf zur Antwort geben, daß selbst diese

Regeln keinen absoluten Wert haben, sondern vielmehr Richtlinien sind, um unser Verhalten in jeder Situation praktischer zu leiten.

Die Notwendigkeit einer neuen Moral wird sehr überzeugend illustriert. Vielleicht ist Fletchers bekanntestes Beispiel das von Frau Bergmeier. Sie war eine deutsche Gefangene, die von den Russen in ein Lager in der Ukraine gebracht worden war. Ihren Ehemann, der von den Alliierten gefangen genommen und in ein Lager nach Wales gebracht wurde, ließ man in seine Heimat nach Berlin zurückkehren. Nachdem er lange nach seinen drei Kinder gesucht und sie endlich gefunden hatte, lebten alle wieder zusammen. Nur was aus der Mutter wurde, blieb unbekannt. In der Zwischenzeit erfuhr Frau Bergmeier, daß sich ihre Familie wieder zusammengefunden hatte und nach ihr suchte. Es gab für sie nun zwei Möglichkeiten, wie sie das Lager verlassen konnte. Aus medizinischen Gründen, weshalb sie aber nur in ein russisches Krankenhaus verlegt werden würde, oder aus Gründen einer Schwangerschaft durfte sie nach Hause zurückkehren. Sie dachte über ihre Situation nach und bat schließlich einen freundlichen Wachmann, sie zu befruchten, was er auch tat. So konnte sie nach Hause zurückkehren, und ihre Familie hieß sie mit offenen Armen willkommen, selbst nachdem Frau Bergmeier erzählt hatte, auf welche Weise sie ihre Freiheit erreichte. Das kleine Baby Dietrich liebte man sogar ganz besonders, nachdem er ja mehr für die Familie getan hatte als irgend jemand sonst. Fletcher nennt Frau Bergmeiers Verhalten einen »geopferten Ehebruch«, denn sie liebte ihre Familie offenbar so sehr (die Motive), daß sie sich damit abfand, einen Ehebruch zu begehen (die Mittel, in diesem Fall nicht sündig), um mit ihr wieder vereinigt sein zu können (das Ende, in diesem Fall ersehnt).

Oder da gibt es die Geschichte eines Christenmädchens, das von der amerikanischen Abwehr gebeten wurde, sich im Interesse ihres Landes zu prostituieren, um an Informationen des Feindes zu gelangen. Der Grundgedanke, mit dem man sich an sie heranmachte, war folgender: Wenn dein Bruder,

der im letzten Krieg mitgekämpft hatte, sein Leben für sein Vaterland eingesetzt hat, warum kannst du dann nicht zumindest deinen Körper für dein Land hergeben?

Diese Situationen provozieren unsere Gedanken, und sie fragen eindringlich danach, ob die alten Regeln noch zu unserer modernen Gesellschaft passen. Ist nicht eine Situations-Ethik doch liebevoller und gerechter?

Probleme der situativen Ethik

Das größte Problem der situativen Ethik ist, daß sie einem lebendigen Gott, der durch sein Wort gesprochen hat und in der Geschichte der Menschheit handelt, keinen gebührenden Platz zukommen läßt. Das besagt nicht, daß die, welche diese Blickrichtung haben, überhaupt keinen Gott in ihrem System kennen. Aber sie haben den wahren Gott, der sich uns in der Bibel und historisch in Raum und Zeit offenbart, verworfen. Der Gott der Situationisten kann nicht das übernatürliche und transzendente Wesen sein, das die Schrift uns offenbart. Wo Fletcher seine neue Ethik von der populären, ethischen Seite her betrachtet, erläutert sie Bischof John A. T. Robinson vor dem Hintergrund populärer Theologie (wobei sein Denken von Paul Tillich beeinflußt wurde). Über den Zusammenhang von Gottesbild und Ethik sagt Robinson: »Es ist nicht möglich, das Verständnis von einem transzendenten Gott neu zu überdenken, ohne seine moralische Sicht nicht mit in diese Bewertung einzubringen.«[38]

Und was ist sein Verständnis von Gott? Dazu sagt er: »Aber der Gott, den er (der Naturalismus) verdrängt, ist der übernatürliche.«[39] In anderen Worten bedeutet das, wenn jemand den Gott der Bibel ablehnt, verändert sich auch seine Ethik. Auf diese Weise können wir Frau Bergmeiers Familie und Freunden sagen, daß sie gut und richtig gehandelt hätte.

Situationisten akzeptieren nicht ganz die Tatsache, daß dieser wahre Gott gesprochen haben könnte und daß man das, was er gesagt hat, als Wahrheit ansehen muß, der zu folgen ist.

Im Grunde lehnen sie diese Idee auch nicht völlig ab, denn sie wollen noch am Echo der biblischen Offenbarung festhalten. Fletcher betont, daß die Situationsethik »sich z. T. mit auf dem Weg der Gesetze der Schrift befindet, wo sie eine Offenbarung als Quelle aller Normen ansieht. Alle weiteren ›geoffenbarten‹ Normen lehnt die Situationsethik hingegen ab, außer dem einen Gebot - Gott in seinem Nächsten zu lieben.«[40] Er möchte den Kuchen essen und gleichzeitig behalten!

Hingegen ist zu bemerken, daß der Herr seine beiden größten Gebote *(»Du sollst Gott deinen Herrn lieben ... Du sollst deinen Nächsten lieben«)* als zusammengehörige Gebote gab. Die Situationisten haben daraus gelesen: »Du sollst den Herrn deinen Gott lieben, *indem* du deinen Nächsten liebst.« Auf diese Weise lenkt Fletcher schlau die Aufmerksamkeit vom ersten Gebot weg, falls er es nicht sogar ganz auslöscht, obwohl der Herr gesagt hat, daß dieses Gebot das größte von allen ist. Das ist das Kernproblem der Situationsethik - sie kennt keine vertikale Dimension. Ethik bezieht sich horizontal - auf den Nächsten, auf die Situation und die Umstände. Ist Gott nicht mehr übernatürlich, dann kann er ausgegrenzt werden. Solch ein Gott hat nicht gesprochen, daher können seine Gesetze ignoriert werden. Solch ein Gott greift auch nicht in menschliches Leben ein, so daß niemand bei den Alternativen in einer bestimmten Situation, die Möglichkeit eines Wunders bedenken müßte. Folglich ist auch das Konzept der Opferbereitschaft für sie in dem Willen Gottes nicht enthalten. So gesehen mußten Herr und Frau Bergmeier auch nicht in Erwägung ziehen, daß der Herr auch auf eine andere Weise die Türen der Lager hätte öffnen können oder die Möglichkeit, daß Trennung oder gar Martyrium zur Verherrlichung Gottes dienen könnte. Das ist der wesent-

---

38 John A. T. Robinson, Honest to God, Westminster, Philadelphia 1966, 105.

39 Ebd., S. 32.

40 Joseph Fletcher, Situation Ethics, S. 26.

liche Irrtum der Situationsethik - Gott ist nicht übernatürlich, sein Wort ist bedeutungslos, und er kann heute unmöglich in das Leben eingreifen.

Ein weiteres Problem betrifft die selbstlose Liebe (agape), die der Schlüssel zur neuen Moral sein soll, aber die Türen zu Lösungen ethischer Probleme nicht öffnen kann. Situationalisten definieren ihre selbstlose Liebe mit »Liebe den nicht Liebenswerten«[41].

Die Bibel bezeichnet die Liebe (agape) als eine Gabe, die von Gott selbst herkommt und dem Menschen nur durch das übernatürliche Werk des Heiligen Geistes zuteil wird (Röm 5,5). Weil die selbstlose Liebe in der Situationsethik menschlich ist, ist sie unweigerlich mit Heuchelei und Unwahrhaftigkeit verbunden, die in jeder menschlichen Liebe verwurzelt sind. Bischof Pike sah dies bereits deutlich: »Das würde bedeuten, daß Heuchelei ein Wesensmerkmal der selbstlosen Liebe ist. Die Wahrheit zu sagen bedeutet etwas anderes, als eine existentielle Entscheidung zu treffen, in der sämtliche Faktoren in einem bestimmten Rahmen abgewogen werden. ... Unwahrhaftigkeit gehört zum Wesen vollständig selbstloser Liebe.«[42]

Pike bietet uns bezüglich dieses Mangels keine Lösung an. Nach der Bibel aber ist Liebe die Frucht des Geistes. Allerdings kann nur ein wiedergeborener Mensch eine solche Frucht hervorbringen. Und natürlich gehört die Notwendigkeit einer Wiedergeburt nicht zu der Theologie der neuen Moral. So ist der einzige Schlüssel zur Liebe (agape) nicht erreichbar, weil die einzige Person, die ihn geben könnte, abgelehnt wurde.

41 Ebd., S. 104.

42 James A. Pike, »Agape Is Not Enough«. In: The Situation Ethics Debate, ed. Harvey Cox, S. 119.

Die biblische Lehre

Die Bibel hat natürlich eine Menge über ethisches Verhalten zu sagen, und die biblische Lehre unterscheidet sich grundlegend von der Joseph Fletchers.

Zum einen schließt die biblische Sicht spezifische Gesetze ein. Wenn Gott, als Beispiel, den Ehebruch verboten hat (2Mo 20,14) und wenn dieses Gebot seither nicht abgeschafft wurde (Röm 13,9), dann verletzt ein Ehebruch nach wie vor Gottes ausdrücklichen Willen und ist deshalb Sünde. Manche Gesetze des Alten Testamentes finden im Neuen Testament häufig noch eine Verschärfung. Zum Beispiel ist im Neuen Testament nicht nur das Stehlen auch verboten, sondern das Neue Testament ruft den Gläubigen auf zu arbeiten, um Geld zu haben, daß er den Bedürftigen etwas mitteilen kann (Eph 4,28). Selbstverständlich haben diese biblischen Gesetze volle Gültigkeit.

Zum anderen gibt die Bibel Richtlinien für Situationen und Umstände, für die es keine speziellen Gesetze gibt. Solche Richtlinien sind:

1. Der Gläubige darf niemals seine Freiheit so gebrauchen, daß dadurch der geistliche Fortschritt anderer Gläubiger gehindert wird (1Kor 8). Diese Richtlinie betrifft Handlungen, die nur äußerlich einen moralischen Wert haben. Der moralische Wert der Handlung wird an der Wirkung auf andere gemessen. Der oben genannte Text drehte sich um die Frage, ob ein Gläubiger die Freiheit hat, Fleisch zu essen, das den Götzen geweiht war. Einige waren der Ansicht, solches Fleisch könnten sie nicht essen; andere dachten, sie könnten es. Paulus nun sagte, da das Götzenopfer eigentlich nichtig sei (V. 4), würde es auch keinen Unterschied machen, das Fleisch zu essen. Aber nicht jeder begriff das, und einige aßen das Fleisch so, als stünde es unter dem Bann des Götzens. Daraus

schloß Paulus nun, daß um solcher Menschen willen die Freiheit zu essen eingeschränkt werden sollte. Auf diese Weise, dient selbstlose Liebe anderen (Gal 5,13).

2. Ein anderes Prinzip lautet, daß wir in jeder Situation zur Ehre Gottes handeln sollen (1Kor 10,31). Das bedeutet, Gott und was er von sich in seinem Wort offenbart hat, darzustellen. So schließt die Anwendung dieser Prinzipien eine höhere Erkenntnis Gottes ein, wie er ist und was in jeder Hinsicht sein Wille ist. Hierüber kann man nur durch die Bibel sichere Erkenntnis bekommen.

3. Eine weitere Grundlage für unser Handeln teilt uns der Kolosserbrief mit: *»Wandelt in Weisheit gegenüber denen, die draußen sind, kauft die gelegene Zeit aus«* (Kol 4,5). Weise Handlungen dienen dem Anliegen, Menschen für Christus zu gewinnen, die bisher ohne ihn leben. Was das für eine Handlung in einer speziellen Situation erfordert, wird Gott dem einzelnen Gläubigen zeigen. Dieses Prinzip wird ignoriert, wenn man nicht glaubt, daß die Menschen ohne Christus verloren sind und für ihn gewonnen werden müssen.

Obwohl wir erkennen, daß es unterschiedliche Ansichten betreffs der jeweiligen Anwendung dieser Richtlinien gibt, sprechen die Richtlinien selbst eine klare Sprache und zeigen uns Grenzen für unser Handeln auf. Zusammenfassend könnte man sagen, daß die biblische Lehre das Gesetz *und* selbstlose Liebe beinhaltet.

Schließlich sollte es noch einmal erwähnt sein, daß die Liebe, die für die Anwendung biblischer Richtlinien unverzichtbar ist, die wahre, selbstlose Liebe Gottes ist. Es ist nicht die Liebe der Situationisten mit ihren Wunschgedanken, sondern die Dynamik eines neuen Lebens in der Kraft des innewohnenden Heiligen Geistes. Daraus entspringt die Motivation, die Gebote des geoffenbarten Willens Gottes zu halten. Das ist auch die Motivation dafür, die eigene Freiheit um seines Bruders willen einzuschränken. Dies sind die Dimensionen eines vollkommenen Lebenswandels, den Gott allein geben kann und nur Gläubigen. Ohne diese göttliche Liebe ist die Situationsethik nichts als gefährlicher Existentialismus. Mit dieser Liebe dagegen leitet Gott die Handlung in der Situation durch den Gläubigen in vollkommener Übereinstimmung mit seinem Willen und Charakter zum Preis seines herrlichen Namens.

7 Die Frage des Selbstmordes

Allein in den Vereinigten Staaten sterben jedcs Jahr mehr als zwanzigtausend Menschen durch Selbstmord. Wir bemerken die Häufigkeit dieser Todesursache nicht, weil in den Todesanzeigen oftmals nur steht: »Sie starb zu Hause« oder »Er starb auf einer Geschäftsreise«. Aber die Beiläufigkeit dieser Anzeigen kann den Umstand nicht verhehlen, daß Tausende von Menschen - Gläubige wie Ungläubige - sich ihr eigenes Leben nehmen. Die Bibel sagt einige ernste Dinge über Selbstmord.

Selbstmord bricht die Gebote Gottes

Die Heiligkeit menschlichen Lebens kommt besonders deutlich im sechsten Gebot zum Ausdruck: *»Du sollst nicht töten«* (2Mo 20,13). Wer einen Menschen ermordet, ist verdammt, und auch sonst in den Gesetzen werden Handlungen, die menschliches Leben gefährden, mit diesem Urteil belegt, seien sie aus Achtlosigkeit (5Mo 22,8), aus Mutwillen (3Mo 19,14), Haß, Zorn oder Rache (3Mo 19,17-18) geschehen. Menschliches Leben ist heilig, denn der Mensch wurde nach dem Bilde Gottes geschaffen (1Mo 9,6). Das Gebot nennt aber kein direktes Objekt. Es sagt nicht: »Du sollst nicht jemanden töten« oder »Du sollst nicht deinen Nächsten töten«. Es sagt schlicht: *»Du sollst nicht töten.«* Daraus muß gefolgert werden, »daß das Verbot sich nicht allein auf das Töten des Nächsten bezieht, sondern ebenso auf die Beendigung des eigenen Lebens oder Selbstmord.«[43]

Diese Folgerung sollte nicht überraschen, denn wenn Gott das menschliche Leben generell als so heilig ansieht, dann kann niemand sagen, dies beträfe alle menschlichen Leben, außer seinem eigenen, woraufhin er das Recht habe, sein Leben mit selbstgewählten Mitteln am Zeitpunkt seiner Wahl zu beenden. Selbstmord mißachtet Gottes Haltung zum Leben und bricht das sechste Gebot (Röm 13,9).

Mit dem Selbstmord hört nicht alles auf

Oft hinterlassen Selbstmörder eine Nachricht für andere, in der sie begründen, warum sie sich für diese Tat entschieden haben. Ein häufiger Grund ist der Wunsch, mit allem Schluß zu machen. Aus unterschiedlichen Gründen wurde das Leben leer oder die Lebensumstände erschienen unerträglich. Die Betroffenen glauben, der Tod würde alle ihre Probleme lösen.

Unser Herr hat deutlich gesagt, daß der Mensch nach seinem leiblichen Tode weiterhin bewußt existiert. Es ist nur der Körper, der stirbt. Der immaterielle Teil des Menschen fährt nicht nur fort zu existieren, sondern kann sich offensichtlich auch erinnern (vgl. Lukas 16,25). Dann kann der Selbstmord nicht einmal die Erinnerungen an die Umstände töten, die zum Selbstmord getrieben haben.

Passagen, die das kommende Gericht ankündigen, zeigen an, daß mit dem Selbstmord nicht alles aus ist. *»Es ist dem Menschen gesetzt, einmal zu sterben, danach aber das Gericht«* (Hebr 9,27). Die Szene am großen weißen Thron, wo die Unerretteten aller Zeitalter gerichtet werden, ist entsetzlich. Die Toten sind auferstanden und stehen vor dem

43 Carl F. Keil und Franz Delitzsch, The Pentateuch, T. & T. Clark, Edinburgh 1880, 2:124.

Thron, um gerichtet zu werden entsprechend der Werke, die sie in ihrem irdischen Leben getan haben (Offb 20,12-13). Der Tod ist nicht nur kein absolutes Ende, sondern alle Taten des Lebens (Selbstmord inbegriffen) werden nach dem Tode betrachtet und beurteilt werden. Das sollte eine Abschreckung für jeden sein, der einen Selbstmord beabsichtigt.

Kann ein Gläubiger Selbstmord verüben?

Natürlich kann er, weil offensichtlich auch Gläubige es tun. Aber, so könnte man einwenden, waren dies auch wirklich wahre Christen? Einige Christen sind der Meinung, daß wahre Christen keinen Selbstmord verüben können, aber es gibt aus der Schrift keinen ausdrücklichen Beweis für diese Behauptung. Diejenigen, die meinen, der Gläubige könne sein Heil verlieren, wenn er sich selbst das Leben nimmt, sind der Überzeugung, er sei dann für den Feuersee bestimmt. Daß wahre Gläubige keinen Selbstmord verüben können, scheint fraglich, weil viele es offensichtlich tun. Obgleich Erfahrung als Grundlage eines Urteiles nicht immer ausreicht, wäre es doch schwierig, bestimmte gut bekannte und vielfältig dienende Männer Gottes ungläubig zu nennen, weil sie Selbstmord verübt haben. Gibt es in der Bibel einen Gläubigen, der Selbstmord verübt hat? Im Grunde gibt es im Neuen Testament keinen Hinweis dafür (Judas war kein Gläubiger), aber das Alte Testament berichtet vom Selbstmord König Sauls, der sich in sein Schwert stürzte. Ob Saul ein Gläubiger war oder nicht, ist umstritten. Manch einer sieht die Aussage Samuels, daß Saul und seine Söhne bald bei ihm (Samuel) sein würden, als Hinweis dafür, daß Saul mit Samuel im Paradies oder im Himmel sein würde (1Sam 28,19). Andere meinen, es bedeute lediglich, daß Saul bald sterben und im Totenreich sein würde, das auch den Ort einschließe, an dem die verlorenen Toten seien. Die Aussage ist mehrdeutig. Wir können nicht schlüssig beweisen, daß Saul ein Gläubiger war, der Selbstmord verübt hat.

Trotzdem wissen wir, daß Gläubige ihr Heil nicht wegen bestimmter Sünden verlieren. Selbstmord ist eine Sünde (es ist die Tötung des Selbst), aber Ehebruch und Mord sind ebenso schwere Sünden. Und doch wissen wir, daß König David, der beide dieser Sünden verübt hat, sein Heil deshalb nicht verlor (Röm 4,7-8). Das Blut Jesu Christi reinigt von aller Sünde, einschließlich der des Selbstmordes.

Die Auswirkungen des Selbstmordes

Wir haben bereits erörtert, daß für den Betreffenden mit dem Selbstmord nicht alles aufhört. Für die Zurückgelassenen sind die Auswirkungen oft Trauer und große Schwierigkeiten. Wenn eine Familie zurückbleibt, ist sie der Anwesenheit und Anteilnahme desjenigen beraubt, der sich selbst das Leben nahm. Ein Gläubiger, der sein Leben selbst beendet, nimmt sich für immer die Möglichkeit, dem Herrn zu dienen oder ihn auf Erden zu bezeugen. Selbstmord ist eine Tat, die größtem Egoismus entspringt, weil nur die eigenen Bedürfnisse zählen, der eigene Willen an erster Stelle steht und die Auswirkungen auf andere außer Acht gelassen werden.

Häufig leidet ein Mensch, der am Rand des Selbstmordes steht, an einem übermächtigen Gefühl von Einsamkeit. Die sich dazu gesellende Depression engt seine Sichtweise ein, bis sich alles nur noch um ihn selbst dreht. Dies führt zu Selbstmitleid und zu jenem Selbstbetrug, der schließlich den Selbstmord zu rechtfertigen scheint. Selbstsucht ist eine Wurzel des Selbstmordes.

Es wird argumentiert, daß jemand, der bettlägerig ist oder in solchem Maße neurotisch, daß er keinen Nutzen mehr hat, nicht egozentrisch handelt, wenn er sich das Leben nimmt. Doch mit welchem Maße messen wir unsere Nützlichkeit? Jemand, der viel und am brennensten für mich gebetet hat, als ich das erste Mal zu lehren begann, war eine Frau, die ohne die Hilfe ihres Mannes nicht mehr von ihrem Bett in ihren Rollstuhl gelangen konnte. Die Jahre ihrer Beschränkung waren mit dem nützlichsten Dienst der Welt erfüllt. Manchmal gebraucht Gott sogar die vollkommene Hilflosigkeit eines Menschen im Leben einer Familie, die für seine Pflege verantwortlich ist. Zudem sind Neurosen und Psychosen nicht in jedem Fall unheilbar. Neue Behandlungsmethoden werden entdeckt, und Gott heilt. Aber ein Selbstmord bietet keine Möglichkeit für eine Behandlung oder für die Demonstration von Gottes Allmacht.

Wenn ein Gläubiger nicht sein Heil verliert, wenn er Selbstmord begeht, ist er dann nicht bei Christus, was ja viel besser wäre (Phil 1,23)? Im Himmel zu sein, wäre weit erstrebenswerter, als auf der Erde in einer untragbaren Situation. Ehe wir diese Schlußfolgerung annehmen, wollen wir ihren logischen Aufbau genauer betrachten.

Wenn diese Logik richtig ist, sollten alle Gläubigen Selbstmord begehen, weil sie es im Himmel viel besser hätten. Es stimmt, daß Abscheiden und bei Christus zu sein viel besser ist, *wenn* der Abschied mit Gottes exaktem Zeitplan übereinstimmt. Wenn der Abschied außerhalb der Planung Gottes liegt, dann ist das Ergebnis nicht sehr viel besser. Wenn der Tod eintritt, ganz gleich aus welchen Gründen, dann ist das Leben des Dienstes für den Gläubigen hier beendet. Es ist dieser Dienst, der vor dem Richterstul Christi beurteilt werden wird. Die ewige Bestimmung des Gläubigen wird hier nicht entschieden, das ist sie längst. Die Sache, um die es hier geht, ist Belohnung oder Verlust derselben. Der Ausspruch *»und wird Schaden leiden«* (1Kor 3,15) ist eine der entscheidenden Auswirkungen im Zusammenhang mit dem Selbstmord eines Gläubigen. Das Wort *Schaden* meint Verlust. In der hier gebrauchten passiven Form Verlust erleiden von etwas, das man besaß oder hätte besitzen können. Johannes warnt vor derselben Möglichkeit, die volle Belohnung zu verlieren (2Joh 8). Selbstmord bricht das Gebot Gottes, so daß der, der ihn verübt, vor dem Richterstuhl Christi den Verlust der Belohnung tragen muß. Unser Mitgefühl für jemanden, der in einer Sünde gefangen ist, darf nicht die Auswirkungen verdunkeln, die die Bibel in bezug auf diese Sünde nennt.

Der Schutz vor Selbstmord

Kein Christ muß Selbstmord begehen, aber das Fleisch ist schwach, Satan mächtig und die Umstände häufig schwer erträglich. Wie kann er sich gegen diese Sünde wappnen?

Zunächst sollte er sich daran erinnern, daß das klar formulierte Gebot Gottes dies verbietet, daß es unwiderruflich Trauer bei den Zurückgebliebenen hinterläßt, daß es selbstsüchtigen Gedanken mehr Raum zubilligt als dem Willen Gottes, daß es am Richterstuhl Gottes zusammen mit allen anderen Taten beurteilt werden wird (2Kor 5,10) und daß es in seiner letzten Konsequenz ein Akt der Auflehnung gegen Gott ist.

Dann erinnert sich der Christ daran, daß er Erbe aller Versprechungen Gottes ist. Wenn er sich am Rande des Selbstmordes befindet, weil er aus Gottes Obhut herausgefallen scheint, dann sollte er Gottes Heilmittel anwenden und wieder Gemeinschaft pflegen. Sündenbekenntnis vor Gott steht am Anfang, und dann muß er Fehler in seinen Beziehungen korrigieren. Das wird in manchen Fällen viel Zeit und Geduld erfordern. Aber die wiederhergestellte Beziehung mit dem Vater wird den Wunsch, den Konsequenzen der Sünde durch Selbstmord zu entkommen, beseitigen.

Wenn er durch Leidenszeiten geht, die er nicht durch vorangegangenen Ungehorsam selbst zu verantworten hat, muß er versuchen, stets im Gedächtnis zu behalten, daß dies alles der Wille Gottes ist. Selbst wenn der Herr es zuläßt, daß Satan den Gläubigen versucht, soll dieser doch nach dem Willen Gottes die Oberhand behalten. Hiob ist natürlich das beste Beispiel dafür. Manchmal erlöst Gott und manchmal nicht, aber in jedem Fall verspricht er den Ausgang »den ihr ertragen könnt« (1Kor 10,13). Ausharren beinhaltet nicht automatisch Hilfe. Es gilt zu beachten, daß allen wunderbaren Hilfen durch Gott, die uns in Hebräer 11,32-35 beschrieben sind, umgehend viele Beispiele folgen, bei denen Gott nicht eingegriffen hat (Vers 36-37). Das Versprechen aus 1. Korinther 10,13 garantiert, daß Gott die Intensität und die Art der Versuchung auf das Vermögen des Einzelnen hin begrenzt. Sein Wissen ist unbegrenzt, so daß das Versprechen nicht auf unserer Annahme ruht, was wir glauben, ertragen zu können, sondern auf seinem Wissen um unsere Kraft. Angesichts dieses Versprechens hat kein Gläubiger das Recht zu behaupten, Gott würde zu viel von ihm verlangen. Sogar als der Apostel Paulus am Leben verzweifelte, überwachte Gott sorgsam das Maß seiner Versuchungen (2Kor 1,8; 6,4-10). Die Heftigkeit der Versuchungen war für manche Knechte Gottes in ihrem Dienst so stark, daß sie sich nach dem Tod sehnten (1Kön 19,4; Joh 4,8), aber sie nehmen diese Sache nicht in ihre eigene Hand, und Gott rettet sie.

Aber gibt es nicht Umstände, in denen Menschen von Druck oder Depressionen so übermannt werden, daß sie sich ihr Leben in einem Anflug zeitlicher Verwirrtheit nehmen? Ohne Zweifel gibt es diese, aber es ist schwer zu beurteilen, in welchem Maße diese Menschen für ihre Handlungen selbst verantwortlich sind, wenn sie nicht sie selbst sind. Es gibt Grade der Verwirrtheit, und die letzte Handlung, der Selbstmord, mag außerhalb der Kontrolle des Einzelnen liegen. Die Schritte, die dazu führen, sind es für gewöhnlich nicht. Es liegt auf der Hand, daß ein unerretteter Mensch, der Selbstmord begeht, seine weiteren Möglichkeiten, errettet zu werden, beendet, egal, ob der Selbstmord in einem vernünftigen oder verwirrten Zustand erfolgt. Obgleich alle Sünden eines Gläubigen vergeben sind, verliert er, wenn er Selbstmord begeht, weitere Möglichkeiten des Dienstes in seinem Leben. Wir müssen die Beurteilung solcher Fälle Gott überlassen, der alle deren Umstände genauestens kennt.

8 Die Frage der Abtreibung

Durch die Liberalisierung des Abtreibungsgesetzes und die radikale Entscheidung des Obersten Gerichtshofes vom 22. Januar 1973, die die Abtreibungsstatuten des Staates Texas regelrecht auf den Kopf stellte, entbrannte eine erbitterte Diskussion in vielen Gruppierungen bezüglich dieses Themas. Die Amerikanische Baptisten Konvention, die Episkopale Kirche, die Vereinigte Methodistische Kirche, die Vereinigte Presbyterianische Kirche und die Lutherische Kirche Amerikas haben eine formale Resolution verabschiedet, die die Aufhebung der Gesetze gegen die Abtreibung befürwortet und die Entscheidung dieser Frage ausschließlich der Frau beziehungsweise dem betroffenen Paar überlassen will. In vielen christlichen Veröffentlichungen sind Artikel zu diesem Thema erschienen von Theologen, Ministern, Ärzten oder Ethikprofessoren.

Vieles von dem, was geschrieben wurde, erörtert die Problematik einer Abtreibung ganz ohne einen Bezug zur Bibel. Obgleich es richtig ist, daß die Bibel nicht viel zu diesem Thema sagt, wird es doch von biblischen Wahrheiten erhellt, die von Christen berücksichtigt werden müssen.

Die Definition der Abtreibung

Abtreibung ist die Entfernung des menschlichen Fötus vor der Geburt, also bevor er außerhalb des Mutterleibes lebensfähig ist. Ein Unfall kann zu einem Abbruch der Schwangerschaft führen, oder Mittel und Eingriffe von außen können dies künstlich herbeiführen. Abtreibung aus medizinischen Gründen wird vorgenommen, wenn ein Abbruch der Schwangerschaft um der körperlichen oder seelischen Gesundheit der Mutter notwendig ist. Der eugenischen Lehre folgend wird Abtreibung als Mittel eingesetzt, mißgebildete oder deformierte Kinder am Geborenwerden zu hindern. Abtreibung aus sozialen Gründen wird vorgenommen, um den wirtschaftlichen Druck auf eine Familie zu verringern. Ethisch begründete Abtreibungen werden in Fällen von Vergewaltigung oder Inzest vorgenommen. Einer verlangten Abtreibung stimmt man aus jedem oder aus keinem Grund zu. Weil es keine Kontrolle über die spontanen Abbrüche gibt (man nimmt an, daß es sich hierbei um 30% handelt), lassen wir sie in unserer Diskussion außen vor. Wir beschäftigen uns mit veranlaßten Abbrüchen, also Abtreibungen, die gewollt sind.

Ein schriftlicher Beweis

Ohne Zweifel liegt ein wesentlicher Grund für die große Zahl unterschiedlicher Ansichten zu diesem Thema unter denen, die die Autorität der Schrift hinzuziehen, darin, daß die

44 Carl F. Keil und Franz Delitzsch, Biblical Commentary on the Old Testament, T. & T. Clark, Edinburgh 1878, 2:134-135.

45 Bruce K. Waltke, »Old Testament Tests Bearing on the Issues«, in: Birth Control and the Christian, ed. Walter O. Spitzer and Carlyle L. Saylor, Tyndale, Wheaton 1969, 10-11.

Bibel so wenige Aussagen speziell zu diesem Thema macht. Einige einschlägige Passagen müssen dennoch betrachtet werden.

2. Mose 21,22-24

»Wenn Männer sich streiten, und sie stoßen dabei eine schwangere Frau, so daß sie eine Fehlgeburt hat, aber es ist kein weiterer Schaden entstanden, dann soll der Schuldige eine Geldstrafe zahlen ... Die Zahlung der Ersatzsumme muß gerichtlich bestätigt werden. Trägt jedoch die Frau einen Schaden davon, so gilt für die Strafe der Grundsatz: Leben für Leben, Auge für Auge, Zahn für Zahn ...« (Die Bibel in heutigem Deutsch, 1983). Eine wörtlichere Übersetzung von Vers 22 ist diese: *»Wenn Männer sich raufen und (dabei) eine schwangere Frau stoßen, so daß ihr die Leibesfrucht abgeht, aber kein (weiterer) Schaden entsteht, so muß dem Schuldigen eine Geldbuße auferlegt werden, je nachdem, (wieviel) ihm der Eheherr der Frau auferlegt, und er soll nach dem Ermessen von Schiedsrichtern geben«* (rev. Elb.).

Es gibt zwei Hauptinterpretationen, die *»so daß ihre Leibesfrucht abgeht«* genauer erläutern. Die erste versteht unter dieser Aussage die Frühgeburt des Kindes, und die Geldstrafe wird erhoben, weil die Gesundheit des Kindes durch die frühe Geburt geschädigt sein mag. Das Leben ist aber erhalten geblieben. Die zweite Erklärung sieht in diesem Abschnitt den Fall einer Fehlgeburt als gegeben an. Jetzt tritt die Vergeltung nach dem *lex talionis* Prinzip ein (das ist: Auge um Auge, Zahn um Zahn, Leben um Leben, nach 3. Mose 24,17-20).[44]

Diese Interpretation bezieht sich in ihrer Erläuterung auf eine durch Unfall verursachte Fehlgeburt des Ungeborenen. In diesem Fall ist dem Vater eine Geldbuße als Entschädigung für den toten Fötus zu zahlen. Wenn auch die Mutter durch den Unfall getötet wurde, dann wird das *lex talionis,* das Prinzip der Wiedervergeltung angewendet.[45]

Dieser zweite Gesichtspunkt macht einen großen Unterschied zwischen den jeweils erhobenen Strafen für den Tod des Fötus (eine Geldstrafe) und den Tod der Mutter (den Tod dessen, der den Unfall verursacht hat). Die Unterscheidung ist so zu verstehen, daß der Fötus nicht als eine »Seele« betrachtet wird, ganz gleich wieweit die Ausbildung der Gliedmaßen vorangeschritten ist. Wenn man dieser Argumentationskette ein weiteres Glied hinzufügt, unterstützt sie die Schlußfolgerung, daß eine veranlaßte Abtreibung erlaubt sei. Der Argumentationsgang ist folgender: Weil die Strafen so verschieden sind, ist der Fötus keine »Seele«, und weil der Fötus keine Seele ist, ist die vorgenommene Entfernung desselben erlaubt, sogar heute.

Es ist ein ziemlicher Sprung vom Gesetz in 2. Mose 21, 22-25, das den versehentlich herbeigeführten Abbruch zum Thema hat, hin zu den zeitgemäßen Fragen der gewollten Abtreibung heute. Nichtsdestotrotz argumentiert man, da es früher nur mit einer Geldstrafe geahndet wurde, sei es heute erlaubt. Bei genauer Betrachtung ist der einzige Punkt in diesem Abschnitt, der sich auf das Thema der herbeigeführten Abtreibung bezieht, die Aussage, daß ein versehentlich verursachter Abort den nicht zum Mörder macht, der ihn verursacht hat, denn er steht nicht unter Strafe durch das Brechen des sechsten Gebotes. Da dieser Abschnitt jedoch nur den versehentlich herbeigeführten Abbruch erläutert, wäre es unlogisch zu behaupten, daß er die herbeigeführte Abtreibung erlaube oder zumindest nicht verbiete. Für diese Schlußfolgerung gibt es in der Schrift keine Unterstützung.

Ferner sollte man die Möglichkeit bedenken, daß sich der Abschnitt doch nicht auf eine Fehlgeburt bezieht. Die erste Interpretation (die das Leben meint, obwohl es noch unterentwickelt ist = Frühgeburt) findet besseren Halt. Das Verb, hier übersetzt mit »abgehen« oder »verlassen« (yatsa), bezieht sich im Alten Testament für gewöhnlich auf das Gebären von Leben (siehe 1Mo 38,28-30; 2Mo 1,5; 5Mo 28,57; 2Sam 16,11; Hi 3,11; Pred 5,14; Jer 20,18). Nie wird es dazu benützt, eine Fehlgeburt anzuzeigen. (Die Verwendung in

4. Mose 12,12 ist auf eine Totgeburt bezogen.) Das gebräuchliche Wort für Fehlgeburt (schakol) finden wir in 2. Mose 23,26 und Hosea 9,14. Demnach bezieht sich das hebräische Wort in 2. Mose 21,22 auf eine Frühgeburt und nicht auf eine Fehlgeburt. Es betrifft die Frage der Abtreibung nicht im geringsten.

Um zusammenzufassen: Von dem Gesichtspunkt aus betrachtet, daß es sich in 2. Mose 21,22-25 um eine versehentliche Fehlgeburt handelt, mag gefolgert werden, daß es einen Unterschied zwischen einem ungeborenen Kind und einem Erwachsenen gibt, und weiter, daß jemand, der den Unfall herbeiführt, kein Mörder ist, da nur eine Geldstrafe auferlegt wird. Versteht man den Abschnitt so, daß er sich auf eine Frühgeburt bezieht, muß gefolgert werden, daß Gott das Leben eines Fötus ebenso hoch bewertet, wie das eines Erwachsenen, weil das Gesetz der Vergeltung (*lex talionis*) hierauf anzuwenden wäre, wenn das Kind tot zur Welt käme. Keine der beiden Interpretationen hat die willentlich herbeigeführte Abtreibung zum Thema oder bietet Rechtfertigung für die Durchführung derselben.

Psalm 139,13

»Denn du bildetest meine Nieren. Du wobst mich von meiner Mutter Leib« (rev. Elb.). In diesem Vers wird Gottes Fürsorge und Besitzanspruch auf das Ungeborene klar zum Vorschein gebracht. Gottes Fürsorge und kreative Kraft reicht bis zum vorgeburtlichen Leben. Diese Lehre würde es unmöglich machen, das Embryo oder den Fötus »nur als ein Stück Gewebe« zu betrachten oder als einen »Haufen Gewebe ohne Bewußtsein.« Man muß am Ende zu dem Ergebnis kommen, daß vom Augenblick der Empfängnis an ein mit allen Anlagen ausgestatteter Mensch existiert, der heilig und wertvoll in den Augen Gottes ist, was Gottes persönliche Besorgtheit belegt. Sicherlich entwickelt sich das Leben des Fötus nach der Geburt auf einer anderen Stufe weiter, aber

es scheint doch eine kontinuierliche Lebenslinie vorzuliegen, vom Moment der Empfängnis an bis zum Tode. Wenn das Leben in der Gebärmutter auch anders ist, als das Leben nach der Geburt, so ist es doch menschliches Leben in einer bestimmten Form. Und Gott ist in hohem Maße um Leben besorgt.

Diese Vorstellung entspringt der Beziehung, die Gott zu gewissen Menschen hatte, die noch nicht geboren waren. Über Jeremia ist gesagt: *»Ehe du aus dem Mutterschoß hervorkamst, habe ich dich geheiligt: zum Propheten für die Nationen habe ich dich eingesetzt«* (Jer 1,5). Über Jakob und Esau in ihrer Mutter Leib sprach Gott: *»Zwei Nationen sind in deinem Leib, und zwei Volksstämme scheiden sich aus deinem Innern, und ein Volksstamm wird stärker sein als der andere, und der Ältere wird dem Jüngeren dienen«* (1Mo 25,23).

In Psalm 51,7 bekennt David, daß er in Sünde empfangen wurde. »Die angedeutete Ungerechtigkeit und Sünde sind nicht die der Mutter, sondern seine eigenen.«[46]

Diese wichtige Stelle hebt die Menschlichkeit des Fötus hervor, weil Sünde mit ihm verbunden ist und nur Engel und Menschen der Sünde schuldig sind. Die Empfängnis selbst ist keine Sünde, aber der Mensch ist vom Augenblick seiner Empfängnis an mit Sünde behaftet und schuldig vor dem heiligen Gott. Das kann nur wahr sein, wenn dem Fötus Menschsein zugesprochen wird.

Obwohl die biblische Lehre spärlich ist, läßt sich folgern, daß das ungeborene Kind nicht ein Nicht-Mensch ist, sondern ein Leben, um das Gott sich kümmert, und daß eine Fehlgeburt wegen eines Unfalls kein Mord ist und daß die veranlaßte Abtreibung Leben nimmt, das mit Gott in Beziehung steht, das er kennt und das schuldig ist vor ihm.

46 Joseph Addison Alexander, The Psalms, Thin, Edinburgh 1873, 231.

Theologische Betrachtungen

Wie man auch immer zum Fötus und der Frage der Aufhebung der Seele stehen mag, es kann keine Frage darüber geben, daß seine Zerstörung das Leben tötet, das sich daraus entwickelt hätte und seinen oder ihren Platz in der Welt eingenommen hätte.

Das ruft einige theologische Betrachtungen auf den Plan, die im Zusammenhang mit der veranlaßten Abtreibung betrachtet werden müssen. Eine davon betrifft die Herrlichkeit Gottes. Wir wissen, daß ein Mensch, der mit einer physischen Mißbildung geboren wurde, Gott zur Verherrlichung dienen kann. Der blinde Mann aus Johannes, Kapitel 9, wurde so geboren. Obgleich die Jünger gemäß dem traditionellen Glauben dachten, dies sei die Strafe für eine Sünde, sagt der Herr ihnen deutlich, dies sei so, *»damit die Werke Gottes an ihm offenbart würden«* (9,3).

Versuchen Sie sich nun die Auswirkungen vorzustellen, die folgendem Argumentationsgang erwachsen. Nehmen wir an, ein Test über die Schwangerschaft hätte vorzeitig ergeben, daß ein kleiner Junge ohne Augenlicht zur Welt kommen würde. Den Eltern hätte man geraten, sich zu überlegen, die Probleme, das Kind großzuziehen zu umgehen und die Schwangerschaft vorzeitig abzubrechen. Nehmen wir an, eine Abtreibung wäre damals in Palästina ein legales und leicht zugängliches Mittel gewesen. Hätten sie den Fötus abtreiben sollen oder nicht? Nehmen wir weiterhin an, sie hätten sich dafür entschieden, den Fötus abzutreiben. Das Baby hätte dann nicht heranwachsen können, und es wäre auch nicht zum Mittel geworden, die Macht Gottes zu demonstrieren. Ohne Zweifel hätte es auch eine andere blinde Person gegeben, an der der Herr sein Wunder hätte vollbringen können. Aber dieser Mann und seine Familie hätten diese Erfahrung versäumt.

Der Punkt ist schlichtweg dieser: Ein behindertes Kind mag in seiner Familie das direkte Geschenk Gottes sein als Instrument zu seiner größeren Verherrlichung. Eine beeindruckende Illustration dieser Tage bietet uns darüber das Buch *Melissa kehrt heim.*[47]

Ein behindertes Kind, das in die Familie Krentel hineingeboren wurde, wird zum Anlaß, daß ihre Eltern ein Heim für behinderte Kinder gründen. Damit verbunden waren viele Segnungen und Wunder des Herrn an vielen Familien. Als die Geschichte bekannter wurde, verherrlichte Gott sich dem entsprechend in größerem Maße, alles wegen dem Geschenk eines behinderten Kindes in einer gläubigen Familie.

Eine zweite Betrachtung betrifft das Prinzip aus Römer 8,28: Dem Gläubigen *»müssen alle Dinge zum Besten dienen«.* Chrysostomus sagte: »Wenn er sagt ›alle Dinge‹, meint er sogar das, was schmerzhaft scheint. Selbst wenn Betrübnis, Armut, Verhaftung, Hunger, Tod oder irgend etwas sonst über euch kommt, kann Gott dies zum Segen werden lassen. Weil dies auch eine Seite seiner unaussprechlichen Macht ist, Dinge, die uns Sorge bereiten, zu unserem Guten zu wenden.«[48]

So mag ein »ungewolltes Kind« größeren Segen in das Leben seiner Familie einbringen, in der Erfüllung dieses Versprechens.

Gibt es dann irgendeine Rechtfertigung für Abtreibungen? Es könnte so scheinen, daß jemand gerechtfertigterweise einen Fötus abtreibt, wenn es an einem gewissen Punkt zu einer physischen Unverträglichkeit zwischen Mutter und Fötus kommt. Solch eine Abtreibung läge in der Natur der Selbstschutzes. Abtreibung aus psychischen Gründen ist

---

47 Mildred Krentel, Melissa Comes Home, Moody, Chicago 1972.

48 Zitiert in E. H. Gifford, The Epistel of St. Paul to the Romans, John Murray, London 1886, 159.

49 Klaas Runia, »Abortion Issues«, Eternity 22, Februar 1971, 216.

50 Spitzer und Saylor, eds. Birth Control and the Christian, xxvi.

jedoch ein anderes Thema. Jemand hat die Einwände dagegen gut zusammengefaßt: »Psychische Gründe sind die häufigsten unter den genannten Gründen, die für Abtreibungen angegeben werden. Aber dieser Boden ist schwankend. Er kann Abtreibungen leicht unter allen möglichen Umständen rechtfertigen. Ein Autor faßt zusammen: ›Offen gestanden wird die Frage nach Abtreibung unter Angabe psychischer Gründe öfter gestellt, weil die Schwangerschaft ungewollt ist, als daß klare und seriöse Risiken die psychische Gesundheit der Mutter beeinträchtigen.‹ ... Ich möchte nur hinzufügen, daß in manchen Fällen die Kur schlimmer sein kann als die Krankheit, denn sie könnte eine schwere Last von Schuld auf die Seele der betroffenen Mutter legen.«[49]

Andere Gründe für Abtreibung, wie etwa das Verhindern einer zu großen Belastung für eine Familie durch ein deformiertes Kind, oder die Erleichterung der ökomischen Umstände, finden in der Schrift keine Rechtfertigung. Die folgende Verlautbarung einiger der bekanntesten Vertreter der heutigen Christenheit scheint ein viel zu offenes Ende zu haben: »Der christliche Arzt wird einer Abtreibung nur zuraten, um größere Werte zu bewahren, die in der Schrift verankert sind. Diese Werte sollten die persönliche Gesundheit, familiäres Wohlergehen und soziale Verantwortung einschließen.«[50]

Obwohl derartige Werte in der Schrift unterstützt werden, so sind doch die Herrlichkeit Gottes und sein Wille die wesentlich wichtigeren Faktoren.

Schließlich gibt es eine wichtige Aufschlüsselung zu diesem Thema von Dr. Carl F. H. Henry:

> Die christliche Antwort auf die Abtreibungsfrage ermutigt zu neuem Respekt und Verantwortlichkeit für den eigenen Körper und seinen Gebrauch. Der Körper einer Frau ist nicht der Herrschaftsbereich und das Eigentum anderer. Er gehört ihr allein, und sie ist vor Gott und der Gesellschaft für ihn verantwortlich. Wenn sie diese Verantwortung außer acht läßt und durch eine

Schwangerschaft eine enge Beziehung zu einer zweiten Person eingeht, sowie durch die Empfängnis zu einer dritten Person und schließlich zur Gesellschaft als ganzes, ist es für sie zu spät, eine Abtreibung durch ihr Recht auf Selbstbestimmung zu rechtfertigen. Der Gott der Geschöpfe und der Erlösung ist auch der Hüter des Mutterschoßes, auch wenn viele Abtreibungen auf Verlangen dem widersprechen oder einer solchen Überzeugung hohnlachen.[51]

51 Carl F. H. Henry, »Abortion«, Christian Heritage 32, Februar 1971, 25.

9 Die Frage nach dämonischer Aktivität

Als ich zu lehren begann, war es weit mehr notwendig und auch zeitaufwendiger, die Existenz Satans und der Dämonen zu erklären, als es heute der Fall ist. Satanskirchen, Spiritistische Zirkel, Tarot-Karten und selbst Aufkleber, die andeuten, der Fahrer sei ein Zauberer oder Hexenmeister, bombardieren uns mit Beweisen satanischer und dämonischer Aktivität. Heute erkennen die meisten Menschen, daß Satan und Dämonen existieren und in der Welt am Werke sind.

Die Herkunft und Eigenschaften von Dämonen

Die Herkunft von Dämonen ist seit Jahrhunderten eine Sache von Spekulationen gewesen. Die Griechen behaupteten, sie seien die Seelen entschlafener, böser Menschen. Einige Christen glauben, daß sie die entkörperten Geister einer Rasse seien, die lebte und gestorben ist, bevor Adam geschaffen wurde. Wie dem auch sei, die Bibel macht keine Angaben über eine solche Rasse. Wahrscheinlicher ist es, daß Dämonen Engel sind, die mit Satan zusammen revoltiert haben. Ihre enge Verbindung zu Satan ist in Matthäus 12,24 und 25,41 deutlich beschrieben. Auch werden sie Geistwesen genannt, wenn auch unrein (Mt 17,18;

Mk 9,25), weshalb sie eher zur Geistwelt gehören als zu der für uns sichtbaren Welt.

Obwohl sie Geistwesen sind, sind sie doch nicht allgegenwärtig. Ein Dämon kann zu einem bestimmten Zeitpunkt nur an einem bestimmten Ort sein. Schon die Tatsache, daß sie gebunden werden können, bestätigt ihren Mangel an Allgegenwart (Mk 5,13, 2Petr 2,4). Genausowenig sind sie allwissend, obgleich sie einen hohen Grad an Intelligenz besitzen. Ihre lange Existenz und große Erfahrung mit Menschen unter annähernd jedem nur denkbaren Umstand trugen zu ihrer Intelligenz bei.

Die Aktivitäten von Dämonen

Die Aktivitäten von Dämonen in der Bibel können unter drei Rubriken katalogisiert werden. Sie fördern ein System von Lehren, sie versuchen die Leiber und Seelen der Menschen zu zerstören und sie betrügen Menschen und Nationen.

Sie fördern ein System von Lehren

»Der Geist aber sagt ausdrücklich, daß in späteren Zeiten manche vom Glauben abfallen werden, indem sie auf betrügerische Geister und Lehren von Dämonen achten, durch die Heuchelei von Lügenrednern, die in ihrem eigenen Gewissen gebrandmarkt sind, die verbieten zu heiraten und gebieten, sich von Speise zu enthalten, die Gott geschaffen hat zur Annahme mit Danksagung für die, welche glauben und die Wahrheit erkennen« (1Tim 4,1-3, rev. Elb.).

52 Charles J. Ellicott, The Pastoral Epistels of Paul, Longmans and Green, London 1864, 54.

Der Ausdruck, »in späteren Zeiten« bezieht sich »auf eine für den Sprecher zukünftige Zeitspanne. ... In dem Glaubensabfall der Gegenwart sieht der inspirierte Apostel den Beginn des vollständigen Glaubensabfalls.«[52]

So hat die dämonische Aktivität zugenommen und wird in den Kirchen noch weiter zunehmen, bis der Höhepunkt am Ende des Zeitalters erreicht ist.

Das dieses falsche System von Dämonen herrührt, ist klar, aber der Text sagt auch, daß es vorangebracht wird durch Männer, die Lügen aussprechen. Wenn man diese Passage mit 1. Johannes 2,19 und 4,3 vergleicht, zeigt sich, daß dämonische Geister antichristliche Lehrer direkt einsetzen und sie mit Quellenmaterial für ihre Lehrtätigkeit versorgen. Diese enge Verbindung zwischen Satan, den Dämonen und Menschen wird auch in 2. Korinther 11,13-15 gezeigt. Bemerkenswert ist auch, daß Irreführung das Kennzeichen für Satans Vorgehen beim Ausstreuen falscher Lehren ist. Man würde daher erwarten, daß diese Aspekte der dämonischen Aktivität in Kirchen von der Kanzel herab deutlich herausgestellt würden, vielmehr als, sagen wir, von geistigen Einrichtungen.

Was beinhalten Lehren von Dämonen? Es scheint zwei Hauptrichtungen zu geben. Erstens, sie fördern eine Heilslehre auf der Grundlage von Werken (1Tim 4,3-4). Dieser Versuch, Rettung durch Werke zu erwirken, betont die Askese. Sich des Heiratens oder des Essens von Fleisch zu enthalten, läßt die Hingegebenen glauben, daß sie sich selbst Gott empfehlen und darum keinen Retter von Sünden nötig haben. Es ist interessant, heute zu beobachten, daß die Abstinenz von Fleisch in einigen christlichen Jugendkreisen populärer wird, quasi als Überhang von östlichen Religionen. Natürlich befürworten Dämonen nicht immer die Askese; oft sind sie bemüht, das Böse im Leben der Menschen zu fördern. Victor Ernest sagte:

> Die Geister, denen ich auf spirituellen Sitzungen begegnete, waren in den meisten Fällen sehr moralisch. ... Im Gegensatz zu dem hoch moralischen und ethischen Ton

> der Seancen in einigen Häusern, besuchte ich einige, wo die Geister gotteslästerlich und wollüstig waren. ... Selbst die Geister, die uns aufriefen, uns moralisch und geistig zu vervollkommnen, taten das, um unsere Aufmerksamkeit ganz auf sich zu ziehen und uns von Gott selbst fernzuhalten.[53]

Trotzdem ist der Aufruf zur Askese offensichtlich weit besser geeignet, das Fundament für die Errettung durch Werke aufzurichten, denn der Mensch hat wenig oder gar kein Bewußtsein dafür, was er braucht, solange er denkt, daß er ein gutes Leben führt.

Zweitens, dämonische Lehren versuchen den Retter Jesus Christus überflüssig zu machen, indem sie die Tatsache leugnen, daß er der Gott-Mensch ist. Das kann dadurch geschehen, daß sie entweder seine Gottheit oder seine Menschlichkeit leugnen.

Die Verneinung der Gottheit Christi geschah in den Tagen des Apostels Johannes (1Joh 2,22-23) in Form der Leugnung der gleichrangigen Position des Sohnes innerhalb der göttlichen Trinität. Darauf Bezug nehmend sagte Bruke Westcott:

> Eine gebräuchliche »gnostische« Theorie lautete, daß »der Christus des Zeitalters« auf den Mann Jesus bei seiner Taufe herabstieg und ihn vor seiner Passion wieder verließ. Solche, die eine derartige Doktrin glaubten, leugneten, daß »Jesus der Christus war«. Und damit leugneten sie die Einheit des Göttlichen mit dem Menschlichen in einer Person. ... Die Leugnung der personifizierten Einheit wahren Menschseins und wahrer Gottheit in Christus schließt das Leugnen der essentiellen Beziehung von Vater und Sohn in der göttlichen Natur ein.[54]

Die Leugnung des Menschseins Christi war auch in den Tagen des Johannes weit verbreitet (1Jo 4,2-3). Die Leute leugneten, wie er gekommen sei (im Fleisch) und die fortwährende Dauer seines Menschseins (weil der Fall des »Gekommen-seins« Vergangenheit ist). Wenn der Herr Jesus nicht beides war, Gott und Mensch, dann war er auch kein hinlänglicher Retter. Darum attackieren Dämonen den Aspekt der Lehre vom Gott-Menschen. Der Retter mußte ein menschliches Wesen werden, um sterben zu können, denn Gott kann nicht sterben. Er mußte Gott sein, um mit seinem Tod die Zahlung für unsere Sünde zu übernehmen. Sein Menschsein zu leugnen macht es unmöglich für ihn, zu sterben; seine Gottheit zu leugnen macht es unmöglich für ihn, für Sünden zu bezahlen. Dämonische Lehren versuchen, aus Jesus einen nutzlosen Retter zu machen.

Sie fördern Zerstörung

Zerstörung des Körpers und der Seele des Menschen ist ein anderer Schwerpunkt dämonischer Aktivität. Physische Probleme, die Dämonen verursachen können, sind Taubheit (Mt 9,33), Blindheit (Mt 12,22), Verkrümmung der Glieder, Lähmungen und quälende Krankheiten (Mk 3,10; Apg 8,7; Lk 13,11.16). Geistige Degeneration liegt ebenfalls in ihrem Machtbereich (Mk 5,4-5; Lk 9,37-42). Die moralische Unreinheit der Kanaaniter scheint sich auf die Spur dämonischer Aktivität zurückverfolgen zu lassen (3Mo 18,6-30; siehe auch 5Mo 18,9-14). Wir wissen, daß Satan Gläubige zur Unmoral versuchen kann (1Kor 7,5).

Den Krieg gegen die Seelen der Menschen veranschaulicht unser Herr in seiner Lehre über die Nutzlosigkeit der Selbstverbesserung (Mt 12,43-45). Der Gläubige befindet sich in einem andauernden geistigen Krieg, und seine Feinde sind Satan und seine Dämonen (Eph 6,12). Zu bemerken ist, daß dieser Vers die Organisation und Rangfolge der Dämonen

53 Victor H. Ernest, I talked with Spirits, Tyndale, Wheaton 1970, 38.

54 Brooke F. Westcott, The Epistle of John, Macmillan, London 1892, 75.

zeigt und ihre »weltweit inszenierte Art des Vorgehens, geistliche und moralische Dunkelheit zu verbreiten.«[55]

In der Zeit der Drangsal wird die zerstörerische Kraft der Dämonen offenbar ihren Höhepunkt finden. Das Gericht, das mit *»das erste Wehe«* bezeichnet wird, scheint durch dämonische, insektenähnliche Wesen zu kommen (Offb 9,1-12). Sie stammen aus dem *»Brunnen des Abgrunds«* (Offb 9,1-2, Luther '57), der entsprechend Lukas 8,31 der Wohnsitz der Dämonen ist. Die Beschreibung der Heuschrecken, die mit dem Rauch aus dem Abgrund aufsteigen, ist gewiß nicht die von gewöhnlichen Heuschrecken. Sie sollten wirklich als Dämonen bezeichnet werden, die die Form dieser besonderen Heuschrecken annahmen (siehe auch Offb 9,11).

Die Tätigkeit dieser dämonischen Heuschreckenkreaturen ist es, die Körper der Menschen, die zu dieser Zeit leben, mit Bissen wie solchen von Skorpionen zu quälen. Die Sehnsucht nach dem Tod wird so stark sein, daß die Menschen versuchen werden, ihre Körper zu zerstören und durch Selbstmord auszulöschen, aber Gott wird dies nicht erlauben (V. 6).

Das nun folgende Gericht besteht aus einer Armee von Reitern, deren Zahl 200 Millionen beträgt (Offb 9,13-21). Hierbei könnte es sich entweder um eine Armee menschlicher Wesen handeln oder um eine Armee von Dämonen. Die Waffen, die ein Drittel der verbliebenen Erdbevölkerung vernichten werden, sind die Elemente der Hölle: Feuer, Rauch und Schwefel (V. 17). Was immer die Wirkung dieses Gerichtes sein wird, das Ergebnis ist eine fortgesetzt unbußfertige Haltung auf Seiten derer, die fliehen. Ihre Handlungen schließen die Anbetung von Dämonen, Götzendienst, Morde, Zauberei, Unzucht und Diebstahl ein (V. 20-21). Das Wort *Zauberei* meint Zaubertrank und Drogen. So resultiert aus der Anbetung von Dämonen eine dämonische Ethik, die das Leben selbst zerstört (Mord), die Leiber der Menschen (Drogen), Ehen (Unzucht) und die Achtung des Eigentums (Diebstahl). Menschen und die Gesellschaft werden das vorrangige Ziel der zerstörerischen Aktivität von Dämonen in den kommenden Tagen sein.

Sie erzeugen Täuschungen

Satans Macht ist die der Täuschung (Offb 12,9), und seine Sendboten, die Dämonen, führen diese Manöver durch. Besonders betroffen von diesen Täuschungsmanövern scheinen die Regierungen in aller Welt zu sein. In Daniel 10,13 wird der Vorhang gelüftet. Leupold sagt:

> Ohne Zweifel sind böse Engel, im Neuen Testament Dämonen genannt, hierauf bezogen. Im Verlauf der Zeit haben diese dämonischen Kräfte einen sehr starken Einfluß über bestimmte Nationen und deren Regierungen erhalten. Sie wurden zur beherrschenden Macht. Alles in ihren Möglichkeiten Stehende haben sie versucht, um Gottes Wort zu hindern und seinen Plan zu vereiteln. ... Wir bekommen einen seltenen Einblick hinter die Kulisse der Weltgeschichte. Es sind geistige Mächte am Werk, die weit über das hinausgehen, was Menschen, die die Offenbarung ablehnen, vermuten würden. Sie kämpfen hinter den Schlachten, die auf den Seiten der Geschichtsbücher aufgeschrieben sind.[56]

In den Tagen der Trübsal werden wieder Dämonen in dieser Hinsicht tätig werden (Offb 16,13-14.16). Sie werden durch Satan, das Tier (Antichrist) und den falschen Propheten benutzt werden, um unter den Königen dieser Welt Betrug und Täuschung zu verbreiten, so daß die Nationen sich in Harmagedon versammeln werden. Die Führer dieser Länder werden dabei wahrscheinlich denken, daß sie das Richtige

---

55 Charles J. Ellicott, St. Pauls Epistle to the Ephesians, Longmans and Green, London 1868, 147.

56 Herbert Carl Leupold, Exposition of Daniel, Wartburg, Columbus 1949, 457-458.

tun, obwohl sie eigentlich unter dem Einfluß großangelegter dämonischer Täuschungen handeln. Diese besondere Art dämonischen Vorgehens scheint sich durch die gesamte Geschichte hindurchzuziehen. Daraus müssen wir folgern, daß sie auch heute in den Nationen der Welt ebenso am Werk sind. (Man muß sich allerdings vorsehen, nicht allein feindliche Länder oder gegnerische politische Parteien mit dem Attribut »dämonisch« zu versehen!)

Die Verteidigung des Christen gegen Dämonen

Wie viele andere Themen, so wird auch der dämonische Aktivismus von etlichen Christen aus einer sehr extremen Blickrichtung gesehen. Einige betrachten dieses Thema als unseriös und benehmen sich, als ob Dämonen in Wirklichkeit nicht existierten. Etliche andere reagieren heute in dieser Frage übersensibel, suchen unter jedem Stein nach einem Dämon und bringen alles Böse direkt in Zusammenhang mit Dämonen. Sie sehen sich oft selbst als spezielles Ziel von dämonischen Handlungen, obgleich sie in Wirklichkeit nur gern mit dem Gedanken spielen, daß es so sein könnte. Manchmal glauben sie von sich, daß sie bezüglich möglicher dämonischer Einflüsse im Leben anderer besonders scharfsichtig sind. Dabei gefallen sie sich in der Vorstellung, besondere geistliche Größen zu sein. Nichtsdestotrotz, die dämonischen Aktivitäten sind real und werden zunehmen, je mehr wir uns dem Ende dieses Zeitalters nähern. Welche Verteidigungsmaßnahmen sollte ein Gläubiger täglich ergreifen?

Zunächst ist es wichtig, daß wir uns daran erinnern, daß fast alles, was Satan tut, durch anderes vervielfältigt werden kann. Böses in unserem eigenem Leben mag ursprünglich von Satan hervorgebracht worden sein, es ist aber wahrscheinlich häufiger durch unsere eigene sündige Natur ausgelöst worden. Sogar physische Phänomene können Ursachen haben, die nicht dämonischen Ursprungs sind. Das soll die Bedeutung des Wissens von dem, was Satan zu tun vermag, nicht schmälern, aber es soll uns aufmerksam machen, daß es gewöhnlich mehrere Auslöser für eine Tat geben kann, und entweder keiner oder jeder könnten dabei satanisch sein.

Zweitens: Ein Gläubiger sollte sich niemals mit dem Okkulten befassen oder damit liebäugeln. Gott warnte vor Zeiten sein Volk vor derartigen Versuchungen (5Mo 18, 10-11). Sehr aufschlußreich ist das Beispiel der Epheser im Neuen Testament. Einige hatten über zwei Jahre lang magische Riten ausgeübt und Zauberbücher befragt. Schließlich waren sie durch Paulus' Aufsehen erregenden Zusammenstoß mit Dämonen so erschüttert, daß sie alle ihre Bücher verbrannten, und *»das Wort des Herrn wuchs mit Macht und erwies sich kräftig«* (Apg 19,20). Dies ist gewiß ein Bereich, in dem es außerordentlich wichtig ist, daß *»der Gläubige einfältig sei zum Bösen«* (Röm 16,19). Diejenigen, die mit dämonischen Bindungen belastet oder von ihnen besessen waren, sind die ersten, die darauf bestehen, von nun an nichts mehr mit solchen Übungen und allem, was damit zusammenhängt, zu tun haben zu wollen.

Drittens: *»Die Sonne gehe nicht unter über eurem Zorn, und gebt dem Teufel keinen Raum«* (Eph 4,26-27). Paulus verbietet dem Gläubigen, Zorn, auch wenn er gerechtfertigt ist, über den Sonnenuntergang hinaus fortzusetzen, darüber ins Brüten zu geraten und sich dadurch zu persönlichem Ärger und Sünde hinreißen zu lassen. Der Ermahnung folgt ein generellerer Hinweis darauf, dem Teufel keinen Raum zu geben. Beides ist miteinander verbunden, denn unangemessener Zorn wird dem Feind die Möglichkeit geben, uns gegenüber einen Vorteil zu gewinnen. Dies ist wahrscheinlich eine der wichtigsten Waffen eines Gläubigen, um satanische Einflußnahme abzuwehren. Sie muß täglich benutzt werden, damit sie wirksam ist.

Viertens: Stütze dich auf die Kraft des innewohnenden Christus und den Heiligen Geist. Satan oder Dämonen können keinen endgültigen Sieg über Gläubige erringen, weil deren

Schicksal von Gott gelenkt wird. Hin und wieder kommt es aber vor, daß manche sich fragen, ob ein Christ besessen sein kann oder nicht. Für gewöhnlich fällt die Antwort negativ aus wegen des innewohnenden Heiligen Geistes im Leben eines Gläubigen. Das Argument lautet, daß der Geist Gottes und ein Dämon nicht gleichzeitig von einem Menschen Besitz ergreifen können. Weil ein Christ durchdrungen ist vom Geist, kann er von keinem Dämon besessen sein. Andere behaupten jedoch, daß ein Gläubiger von einem Dämon besessen sein kann. Einige treiben sie sogar wiederholt aus Christen aus. Was sagt uns die Bibel über diese Frage?

Der Ausdruck, »von Dämonen besessen zu sein«, wird nicht außerhalb der Evangelien verwendet. Das beweist jedoch nicht notwendigerweise, daß es über die Zeit des Dienstes Christi hinaus keine dämonische Besessenheit gab. Stellen, die normalerweise herangezogen werden, um dämonische Besessenheit von Gläubigen zu zeigen, sind: 1. Samuel 16, 13-14; Lukas 13,11; Apostelgeschichte 5,3; 1. Korinther 5,5 sowie 2. Korinther 11,4 und 12,7. Wenn man diese Schriftstellen jedoch studiert, kann man erkennen, daß sie nicht schlüssig beweisen, daß der Gläubige von Dämonen besessen sein kann. Im Grunde genommen sagt keiner dieser Verse, daß ein Dämon oder Dämonen vom Leben eines Christen Besitz ergriffen hätten. Ein böser Geist quälte Saul, aber die Ursache der Qual (ob innen oder außen), wird nicht benannt. Lukas schreibt die gebeugte Haltung der Frau offenbar einem Dämon zu (»ein Geist der Schwäche«), und der Herr nennt sie eine Tochter Abrahams (Lk 13,16). Es wird viel darüber debattiert, ob dies bedeutet, daß sie eine Gläubige war oder lediglich zu der Gruppe des auserwählten Volkes gehörte. In jedem Fall war sie keine Christin im nach-pfingstlichen Sinn des Wortes. Es war Satan, nicht die Dämonen, der Hananias Herz erfüllte (Apg 5,3). Er ist wahrscheinlich der stärkste Beweis dafür, daß ein Gläubiger von innen her durch Dämonen gesteuert sein kann, denn derselbe Ausdruck wird für das Werden *»voll Geistes«* (Eph 5,18) verwendet.

Die Gemeindezucht in 1. Korinther 5,5 schloß auch das Überliefern eines Gläubigen an Satan ein, wobei die Vorgehensweise Satans uns verborgen bleibt (siehe auch 1Tim 1,20). Der »andere Geist« aus 2. Korinther 11,4 ist kaum mehr ein Dämon, wie der »andere Jesus« in diesem Vers ein Dämon ist. Es ist das »andere Evangelium«, das den Geist in die Knechtschaft führt (Röm 8,15). Und obwohl Paulus sich auf einen Dämon bezieht, der ihn plage, sagt uns 2. Korinther 12,7 nicht, daß die Ursache der Plage in Paulus selbst lag, als wenn der Dämon in Paulus gewohnt oder von ihm Besitz ergriffen hätte.

Wenn man diese Beweislage nüchtern betrachtet, ist man genötigt, aus ihr zu schließen, daß es keine klaren Aussagen über dämonische Besessenheit von Gläubigen nach Pfingsten gibt. Bezeichnenderweise enthalten weder die Apostelgeschichte noch die Briefe irgendwelche Anordnungen, Dämonen von Gläubigen auszutreiben.

Wie können wir diese Fakten in einen gordneten Zusammenhang bringen? Zunächst sollten wir uns von der Phrase »von Dämonen besessen« und »inwendig wohnender Dämon« trennen, wenn wir von dieser Möglichkeit in bezug auf Christen reden. Wir neigen dazu, in diese Begriffe die gleichen Vorstellungen hineinzulegen, die wir unter »innewohnendem Geist« verstehen (als ein permanentes Bleiben innerhalb des Individuums). Auch können Satan oder die Dämonen keinen endgültigen Sieg über einen Gläubigen erringen, obgleich sie sein Leben offenbar für eine Zeit lang bestimmen oder kontrollieren können. Ein Gläubiger kann *»zum Verderben des Fleisches«* dem Satan überliefert werden, aber *»der Geist wird am Tag des Herrn errettet werden«* (1Kor 5,5). Wie die Beziehung Satans zu einem Gläubigen auch aussehen mag, sie kann nicht dauerhaft oder ewig währen.

Zweitens: Die Unbestimmtheit des Neuen Testamentes bezüglich der Vorgehensweise der Dämonen gegen Gläubige und das Fehlen spezifischer Anweisungen, Dämonen aus Gläubigen auszutreiben, mag uns der Schlüssel zum erfolgreichen Kampf gegen Dämonen sein. Dämonische Aktivität sollte nicht durch Exorzismus behandelt werden, sondern wie jede andere sündige Auflehnung auch. Mit anderen Worten sollte der Gläubige eine dämonische Last wie eine Versuchung oder die Regung seiner eigenen sündigen Natur behandeln. Hier gilt es, die Quelle der Angriffe festzustellen, sich selbst zu beurteilen, um zu sehen, ob es irgendein Aufbegehren gegen Gottes Gesetz oder Willen gibt, jede bekannte Sünde zu bekennen und sich auf den innewohnenden Geist zu verlassen. Dämonische Aktivität kann mit diesen Mitteln und ohne jede Theatralik erfolgreich bekämpft werden, ob der Dämon aus dem Inneren eines Gläubigen her handelt oder von außen. Selbst wenn für einen außergewöhnlichen Fall Exorzismus das Gebot der Stunde zu sein scheint, kann der Exorzist die Dämonen nicht daran hindern, dieselbe Person wiederum zu attackieren, weil kein Mensch die Garantie geben kann, Dämonen ein für allemal zu binden, noch sie zurück in die Tiefen senden kann, wo sie für immer gebunden sein würden. Paulus sagt, wir ringen oder kämpfen gegen die Mächte der Finsternis, und dieser Kampf dauert ein Leben lang (Eph 6,12). Darum soll ein Gläubiger nüchtern sein (1Petr 5,8), die Waffenrüstung Gottes ergreifen (Eph 6,13-18) und sich gute körperliche, geistige und geistliche Gesundheit erhalten (Röm 12,2; 2Kor 10,5; Phil 4,8).[57]

Ein abschließendes Wort für den Ungläubigen, der besessen oder von Dämonen bedrängt ist: Es gibt nur ein Mittel der Befreiung, das ist der Glaube an den Retter Christus (Mk 5,18-19; Apg 16,18-19).

57 Siehe Ernest.

10 Die Frage nach der Evolution

Der Glaube an die Schöpfung, wie sie in der Bibel dargestellt wird, ist für viele ein einfältiger Glaube geprägt von Unwissenheit oder zumindest veralteter Theorien. Ich jedoch glaube an die Darstellung der biblischen Schöpfungslehre und das aus gutem Grund: Die Evolutionstheorie als eine Alternative dazu hat es versäumt, ihre aufgestellten Behauptungen zu beweisen. Sie kann bestenfalls sehr schwach belegte Fälle präsentieren. Ebensowenig kann die theistische Evolutionslehre, die beide Anschauungen verbinden will, überzeugen. Der Schöpfungsbericht bietet auch heute noch vernünftige und klare Antworten auf die Frage nach der Herkunft des Menschen und der Welt.

Einige Alternativen

Der Versuch, die Lehre der Evolution mit der biblischen Lehre der Schöpfung in Einklang zu bringen, brachte vier Alternativen hervor, die die Spannungen und Schwierigkeiten zwischen den beiden Anschauungen beilegen und lösen sollten.

Erstens: Es gibt die Haltung, die deutlichen Widersprüche zwischen der Bibel und der Evolutionstheorie als gegeben zu akzeptieren, verbunden mit dem Versuch, an beiden Standpunkten gleichermaßen festzuhalten. Obwohl es logisch unmöglich zu sein scheint, ist dies die klar bezogene Position der Theistischen Evolutionslehre. Sie lehrt, daß Gott alle Dinge durch den Evolutionsprozeß schuf. Dieser Standpunkt ist eigentlich weder für den bibelgläubigen Christen noch für den Evolutionstheoretiker haltbar. Die Bibel sagt, der Mensch sei aus Staub vom Erdboden geschaffen (1Mo 2,7). Dies läßt sich nicht mit einer Kette von Vorstufen aus dem Tierreich vereinen, wie es die Evolutionslehre behauptet. Es ist Staub, wohin er zurückkehren soll (1Mo 3,19) - nicht zu einem tierischen Entwicklungsstadium. Der erste Mensch der Bibel wurde dem Bilde Gottes nach geschaffen (1Mo 1,26). Er hat nichts gemein mit den ersten Menschen der Evolutionslehre.

Selbst Evolutionisten sind mit dem Denkansatz der Theistischen Evolution nicht einverstanden. An irgendeinem Punkt ihrer Theorie Übernatürliches einräumen zu müssen hieße, ihr eigentlich direkt widersprochen zu haben. Charles Darwin schrieb: »Ich würde absolut nichts um die Theorie der natürlichen Selektion geben, wenn sie auf irgendeiner ihrer Stufen zusätzlich eines Wunders bedürfte.«[58]

Erst kürzlich bekräftigte Julian Huxley, daß Übernatürliches »im völligen Gegensatz zu unserer gesamten wissenschaftlichen Erkenntnis steht. ... Einen göttlichen Eingriff im Zusammenspiel von Masse und Energie zu einer bestimmten Zeit der Erdgeschichte anzunehmen, ist beides unnötig und unlogisch.«[59]

Zweitens: Heute gibt es die verbreitete Ansicht, die die Evolution akzeptiert, die aber die Bibel nur sinnbildlich verstanden wissen will. Diese Annäherung soll es erlauben, die Schlüsse der Evolutionstheorie zu akzeptieren und gleichzeitig am altvertrauten Glauben, den die Bibel lehrt, festzuhalten. Die Versinnbildlichung der Bibel findet man demnach in den ersten elf Kapiteln des 1. Buches Mose; sie schließt aber auch andere Teile der Bibel ein, insbesondere die Aussagen über die Wunder. Generell werden die Ideen der ersten elf Kapitel aus dem 1. Buch Mose zwar akzeptiert, die sachlichen Einzelheiten werden jedoch abgelehnt. Es gibt viele Bibellehrer, die zugeben, daß sie dieser Denkrichtung folgen.

Aus verschiedenen, wichtigen Gründen ist dies aber nicht zu akzeptieren. Zum einen ist diese Vorgehensweise gänzlich subjektiv. Wer soll entscheiden, welche Anteile schwer verständlich und daher im übertragenen Sinne zu verstehen sind? Und warum bezieht man sich nur auf die ersten elf Kapitel des 1. Buches Mose? Hierin liegt auch eine Verunehrung Gottes. Denn wenn die Evolution richtig ist, dann wäre die »Allegorie« in den von Gott gegebenen, sinnbildlichen ersten Kapiteln vollkommen unrichtig - daraus ließe sich nur schließen, daß Gott, als er sie gab, entweder nicht wahrhaftig oder nicht intelligent war.

Drittens: Dieses Konzept steht in direktem Gegensatz zu den Lehren vieler anderer Passagen aus der Bibel. Zusätzliche Aussagen zur Schöpfung stehen in Lukas 3,38; Römer 5,14; 1. Korinther 11,9; 15,22 und 45; 2. Korinther 11,3; 1. Timotheus 2,13-14 und Judas 14. Das erste Buch Mose im übertragenen Sinn zu betrachten, würde zwangsläufig die Interpretation dieser anderen Bibelstellen beeinträchtigen.

Viertens: Es untergräbt die Autorität Jesu Christi, weil er die Erschaffung von Adam und Eva (Mt 19,4; Mk 10,6) sowie das historische Ereignis der Sintflut akzeptiert (Mt 24,38; Lk 17,27). Wenn seinen Worten in diesen Dingen nicht getraut werden kann, wie könnte man dann noch sicher sein, ob sie bezüglich anderer Themen wahr sind?

Eine dritte Alternative ist, die Evolution zu akzeptieren und die Bibel abzulehnen. Viele Gläubige vertreten im Grunde diese Richtung, obwohl nur wenige dies laut aussprechen.

Die vierte Möglichkeit besteht darin, die biblischen Aussagen im ganzen Kontext anzunehmen mit der notwendigen Konsequenz, die Evolutionslehre abzulehnen.

---

58 Robert E.D. Clark, Darwin: Before and After, Paternoster, London 1950, S. 86.

59 Julian Huxley, Evolution in Action, New Amer. Lib., New York 1964, S. 20.

Grundlagen der Evolution

Das Wort *Evolution* bedeutet Veränderung, Entwicklung, Bewegung oder Prozeß. Völlig legitim ist es, wenn man es z. B. in dem Sinne verwendet: »Es gab beachtliche Evolution auf dem Gebiet der Kommunikation«. Wenn es aber in Verbindung mit der Evolutionstheorie gebraucht wird, bedeutet das Wort Evolution mehr als nur Entwicklung. Es schließt die Idee des Ursprungs durch natürliche Prozesse, sowohl den Ursprung erster lebender Substanzen, sowie den Ursprung neuer Arten ein. Niemand bestreitet, daß es in vielfältigen Bereichen der Schöpfung zu Entwicklungen gekommen ist (Mikro-Evolution). Es bleibt aber die ernsthafte Frage, ob diese Entwicklung auch das Hervorbringen neuer Arten mit verzweigten und komplexen Formen aus weniger komplizierten Substanzen einschließt (Makro-Evolution). Eine gewöhnliche Entwicklung sollte nicht mit dem Ursprung der Arten durcheinander gebracht werden.

Mutation und natürliche Auslese

Mutation und natürliche Auslese bilden das Fundament und den wichtigsten Nachweis, den die Evolutionslehre für ihre Theorie geltend macht. Mutationen sind plötzlich auftretende Variationen, die die Nachkömmlinge in gut erkennbaren Merkmalen von ihren Eltern unterscheiden. Die natürliche Auslese bewirkt das Überleben dieser neuen Formen und bedingt generell die biologische Ausbildung. Was diesen Prozeß betrifft, schreibt Huxley, sei »er nicht nur eine wirkungsvolle Folge der Evolution sondern die einzige effektive Wirkung der Evolution.«[60]

William S. Beck von der Medizinischen Fakultät Harvard erklärte, daß »die von Darwin zitierte Vielfalt der Arten durch wahllose Mutation hervorgebracht worden ist und daß

Mutation die einzige Quelle der genetischen Veränderlichkeit ist und folglich die der Evolution.«[61]

Ebenso versichert John T. Bonner, daß Mutation »wirklich ein Faktor von entscheidender Bedeutung ist. Weil Mutation eine chemische Veränderung in der Genstruktur bedeutet, muß letztlich jede fortschreitende Entwicklung durch Mutation geschehen, und alles was die Neuanordnung (der Genstrukturen, d. Übers.) bewirken kann, ist ein Mischen dessen, was die Mutation hervorgebracht hat. Genmutationen liefern das Rohmaterial für die Evolution, und die Neuordnungen des Materials begründen die verschiedenen Arten. Die Selektion wird dadurch vorangetrieben, daß sie mit einer ganzen Reihe von möglichen Anordnungen versorgt ist.«[62]

Der Beweis der Genmutation ist so grundlegend, daß man getrost folgern kann: Sollte sie wirksam in Frage gestellt werden können, kann die Evolution selbst angezweifelt werden.

Erstens: Schwächt nicht die Tatsache, daß dieser Beweis sich auf einen Zirkelschluß stützt, seine Haltbarkeit? Huxleys Zugeständnis ist hierbei beachtenswert: »Auf der Basis unseres gegenwärtigen Kenntnisstandes ist die natürliche Auslese daran gebunden, genetisch Angepaßtes zu produzieren. Genetische Anpassungen sind folglich der Indizienbeweis für die Wirksamkeit der natürlichen Auslese.«[63]

Oder anders ausgedrückt, die natürliche Auslese bringt Mutation hervor, und die Mutation garantiert die natürliche Auslese; *keines von beidem aber kann für sich selbst bewiesen werden.*

Zweitens: Sind Mutationen nicht schädlich? Theodosius Dobzhansky, eine Autorität für Genfragen, gibt zu, daß »die meisten Mutationen, die in einem Organismus auftreten, seinem Besitzer mehr oder weniger Nachteile verschaffen. Die

---

60 Ebd., S. 35.

61 William S. Beck, The Riddle of Life, Saturday Evening Post 230, 10.5.1958, S. 92.

62 John T. Bonner, The Ideas of Biology, Harper, New York 1962, S. 64.

63 Huxley, S. 43.

klassischen Mutationen, die im Fall Drosophilia aufgetreten sind, zeigen für gewöhnlich Anzeichen der Entartung, des Zerfalls oder der Auflösung von Organen.« (A.d.Ü. Drosophilia ist eine Fliege der Gattung der Taufliege, die in Laborversuchen als Studienmaterial für die Vererbungsforschung benützt wurde.) Ferner erkennt er an, daß »der schädliche Charakter einer Mutation ein sehr ernstes Problem zu sein scheint.«[64]

Weil eine begünstigende Mutation noch nicht beobachtet worden ist, können Wissenschaftler nur spekulieren oder hoffen, daß irgendwo irgendwie in dem angenommenen langen Zeitstadium der Evolution des Menschen die notwendigerweise vorteilhafte Mutation stattgefunden hat. Wenn man nur genügend Zeit zugrunde legt, so sagen sie, hätte alles passiert sein können, eine hilfreiche Mutation eingeschlossen. Ob dies wirklich so ist, werden wir später überprüfen.

Drittens: Woher kommen neue Gene? Mutationen sind abweichende Formen existierender Voraussetzungen, aber wenn Evolution tatsächlich stattfinden soll, müssen neue Formen geschaffen werden können. Einzeller beispielsweise haben keine Zähne. Woher stammen dann die Gene, die unsere Zähne bedingt haben, wenn wir uns aus Einzellern entwickelt haben? Wissen die Anhänger der Evolutionslehre eine Antwort auf diese grundlegende Frage? Laurence H. Snyder, ein bekannter Genforscher, sagt: »Was die Herkunft der Gene angeht, wissen wir nur sehr wenig, obwohl es verführerisch ist, zu spekulieren.«[65]

H. Graham Cannon von der Manchester University stellt fest: »Eine Tatsache, die sich in den vielen Jahren der Mendelschen Mutationsversuche deutlich gezeigt hat, ist die, daß nur in den bestehenden Merkmalen Veränderungen eingetreten sind, niemals jedoch mit der Erscheinungsform neuer Merkmale. ... Kein Experiment hat Gene hervorbringen können, die eine völlig neue Funktionsweise von Organen gezeigt hätten. Und doch ist es die Erscheinung neuer Merkmale in Organismen, die die Grenzen der Hauptschritte innerhalb der Evolutionsskala markieren.«[66]

Viertens: Kann die natürliche Auslese Verbesserungen tatsächlich garantieren? Natürlich muß es so sein. Andernfalls, wenn eine mindere Rasse überlebte, dann würde sie sehr bald aussterben und Evolution könnte gar nicht stattfinden. J. B. S. Haldane antwortet darauf: »In der Tat hat man eine natürliche Auslese mit evolutionären Konsequenzen bislang nur dort beobachten können, wo Menschen drastisch veränderte Bedingungen geschaffen haben, die einen harten selektiven Druck verursacht haben.«[67]

Die natürliche Auslese ist kaum bewiesen, wenn sie nur aufgrund aufgezwungener Zustände demonstriert werden kann.

Fünftens: Wenn weder begünstigende Mutation, die Produktion neuer Gene, noch natürliche Auslese jemals beobachtet worden sind, beruht dann das Hauptmerkmal für die Evolution nicht vielmehr auf Annahmen anstatt auf beobachteten Fakten?

Es sollte bemerkt werden, daß nicht alle Wissenschaftler, nicht einmal alle Evolutionstheoretiker das Argument der Mutation und natürlichen Auslese als endgültig überzeugend akzeptieren. Harvards bekannter Anthropologe Earnest A. Hooton sagte: »Ich befürchte nun, daß viele Anthropologen (mich selbst eingeschlossen) gegen die genetische Wissenschaft gesündigt haben und daß wir uns auf ein schwankendes Rohr stützen, wenn wir uns auf die Mutation verlassen.«[68]

---

64 Theodosius Dobzhansky, Evolution, Genetics and Man, Wiley, New York 1955, S. 150.

65 Laurence H. Snyder, Principles of Heredity, Heath, Boston 1951, S. 332.

66 H. Graham Cannon, The Evolution of Living Things, Manchester Univers., Manchester 1958, S. 92.

67 J.B.S. Haldane, »The Theory of Natural Selection Today«, Nature 183, 14.3.1959, S. 710-713.

68 Ernest A. Hooton, Apes, Men and Morons, Allen & Unwin, London 1973, S. 118.

Nach einhundert Jahren der Evolutionstheorie faßt ein britischer Wissenschaftler den gegenwärtigen Stand der Erkenntnis aufschlußreich zusammen:

> Wenn Mutation, die die einzige Form erblicher Veränderung ist, von der wir definitive Beweise haben, immer eine Veränderung in bereits vorhandenen Genen bedeutet, würde es auf den ersten Blick scheinen, daß wir ganz und gar keine Basis für unser Verständnis von Evolution, Neuheiten im Gebilde eines Körpers, finden. Für ihre Evolution benötigen wir mit Sicherheit neue Vererbungsfaktoren und nicht Veränderung in bereits Gegebenem. Wir müssen uns aber daran erinnern, daß die Eigenschaften des Körpers und des vererbten Materials äußerst kompliziert sind. Möglicherweise könnten Veränderungen im Enzymhaushalt eines Körpers,wenn dies durch irgend etwas bewirkt werden könnte, Unterschiede im Wachstum einzelner Körperteile bewirken. ... Es ist schwer zu erkennen, wie die neue Ausschüttungsmodalität seines Enzyms durch die Mutation eines Genes hervorgebracht werden kann; aber mit Blick auf die komplexen Bedingungen innerhalb des Körpers mag es vielleicht möglich sein. Außerdem ist es nicht unmöglich, daß neue Gene sich herausbilden ...
>
> Diese Annahmen sind rein hypothetisch. Im Moment können wir nicht mehr sagen, als daß Neu-Organisationen in der Evolution zweifelsfrei auftreten, daß sie für die Zunahme der Komplexität, die den Prozeß der Evolution antreibt, notwendig sind und daß wir keine genauen Erkenntnisse über die Einzelheiten ihrer Evolution besitzen.[69]

---

69 G. S. Carter, A Hundred Years of Evolution, Macmillan, New York 1958, S. 184-185.

70 Enzyclopaedia Britannica, 1956 ed., 10: 168.

Die Fossilien

Die Frage nach dem fossilen Menschen (mehr als die nach dem fossilen Tier) ist von größter Bedeutung für den Bibelgläubigen, weil die Evolution behauptet, daß der Mensch sehr alt ist und sich aus früheren tierischen Formen entwickelt habe. Im Gegensatz dazu beharrt der biblische Schöpfungsbericht darauf, daß Adam und Eva die ersten Menschen waren, daß sie sündlos waren, daß sie später sündigten, und die nachfolgende Auswirkung für die gesamte Rasse war Degeneration. Nach dem, was dic Bibel lehrt, konnten Adam und Eva nicht der Höhepunkt eines evolutionären Prozesses gewesen sein, der eine ganze Reihe verschiedenster vormenschlicher Ahnen eingeschlossen hätte. Hinsichtlich der Erschaffung Adams und Evas befindet sich der theistische Evolutionist in einem Dilemma. Selbst wenn er die Evolution erfolgreich in den biblischen Werdegang Adams einbauen könnte, ist es unmöglich mit Eva ebenso zu verfahren; und wenn Gott Eva, wie die Bibel berichtet, in einem direkten Schöpfungsakt erschuf, warum ihm dann nicht erlauben, mit Adam auch so verfahren zu sein?

Verliert das Fossilargument nicht deshalb seine Kraft, weil es sich um sich selbst dreht? Die *Encyclopaedia Brittanica* gesteht ein: »Es kann nicht widerlegt werden, daß von einem strikten philosophischen Standpunkt aus betrachtet, Geologen hier im Kreis herum argumentieren. Die Aufeinanderfolge von Organismen wird mittels einer Studie ihrer im Felsgestein begrabenen Reste und das relative Alter des Felsgesteins durch die Fossilien, die sie enthalten, bestimmt.«[70]

Hierin liegt mehr als nur ein philospohisches Problem. Die derzeit gebräuchliche Vorgehensweise der Geologie besteht darin, das Alter der Schichten anhand der darin gefundenen Fossilen zu ermitteln und das Alter der Fossilen anhand der sie umgebenden Schichten. Diese Prozedur kann kaum exakte Ergebnisse zusichern.

Sind zudem die Methoden der Datierung so zuverlässig, wie sie zu sein vorgeben? Was die radiometrische und Fluormethode betrifft, »muß unterstrichen werden, daß weder die o.e. Methode (Radiometrie) noch die Fluormethode ... absolute Datierungen von Fossilien leisten.«[71]

Über die Uranzerfallsmethode schreibt ein anderer Wissenschaftler: »Geologen sind von der Uranzerfallsmethode nicht selten entäuscht worden, weil ihre Resultate in vielen Fällen widersprüchlich, unbeständig oder unvernünftig waren.«[72]

Die Karbon-14 Methode, von der der Laie glaubt, daß sie Zeitperioden von jeder Länge genau messen könne, beginnt nach einigen tausend Jahren einen bedeutenden Fehlerspielraum aufzuweisen. Darüberhinaus wurde erst kürzlich in den Westinghouse Laboratorien die Zerfallsrate künstlich um 3% verändert.

Drittens: Warum hat die fossile Beweisführung keine sie verbindenden Zwischenformen hervorgebracht? Vernünftigerweise hätte man erwarten können, unter den vielen fossilen Funden, die man gemacht hat, zumindest eine Übergangsform zu entdecken. Dagegen zeigen die frühesten Fossilien aller Gruppen genau die Merkmale auf, die ihre Gruppen kennzeichnen. Die Bedeutung dieser Tatsache für die Evolution wird unmißverständlich von Sir Wilfried Le Gros Clark von der Universität Oxford benannt: »Daß die Evolution tatsächlich stattfand, können nur die fossilen Funde der repräsentativen Zwischen-Typen wissenschaftlich belegen, die auf der Basis indirekter Beweise behauptet wurden.«[73]

---

71 Alan H. Brodrick, Man and His Ancestry, Fawcett, New York 1964, S. 122.

72 William I. Strokes, Essentials of Earth History, Prentice Hall, New York 1960, S. 22.

73 William Le Gros Clark, Discovery 1/1955, S. 7.

74 Alfred S. Romer, Genetics, Palaeontology and Evolution, Princeton Univ. 1949, S. 114.

75 The Enzyclopaedia Britannica, ed. 1957, 2: 52.

76 Ebd.

Über die Klarheit dieser indirekten Beweise hat Alfred S. Romer von der Universität Harvard geschrieben: »Es fehlen Glieder genau dort, wo wir sie uns am heftigsten herbeiwünschen, und es ist nur allzu wahrscheinlich, daß auch weiterhin viele Glieder dauerhaft fehlen werden.«[74]

Viertens: Sind die Beweise für fossile Menschen nicht ein wenig kärglich angesichts der Folgerungen, die man aus ihnen ableitet? Der allgemein bekannteste fossile Mensch ist vielleicht der *Pithekantropus Erektus*, der in Java in den Jahren 1891-1892 entdeckt wurde. Er bestand aus dem Teil eines Scheitelkäppchens, einem Fragment des linken Oberschenkelknochens sowie drei Backenzähnen. Diese Fragmente wurden im Laufe eines Jahres im Umkreis von zwanzig Metern gefunden. Was diesen einmaligen Fund betrifft, schreibt die *Britannica*: »Weitere Beweise müssen erbracht werden, ehe eine verläßliche Hypothese konstruiert werden kann.«[75]

Ebenso nimmt man von der Rasse der Neandertaler an, daß sie im wesentlichen menschlich ist (wenn auch wahrscheinlich degeneriert). Nirgendwo beweisen diese Überbleibsel irgendwelche evolutionäre Reihenfolge in der Entwicklung des Menschen. »Die Funde im Neandertal weisen nachdrücklich darauf hin, daß es keine unumstößliche Reihenfolge der kontinuierlichen Skelett-Entwicklung von primitiv hin zu modern gibt.«[76]

Ein Doktor der Medizin erzählte mir einmal, die Neandertaler hätten leicht gewöhnliche Menschen gewesen sein können, die von Rachitis geplagt wurden.

Fossile Funde von Menschen liefern keine Beweise für verbindende Formen, die zum *Homo Sapiens* geführt hätten. Tatsächlich werden heute alle fossilen Menschen von den meisten nur einer Gattung zugeordnet - *Homo.*

Der notwendige Glauben

Spott und Hohn sind häufig das Los des Christen, weil er glaubt, und die damit verbundene Vorstellung ist die, daß Glaube im Gegensatz zur wahren Wissenschaft steht. Kaum einmal gilt die Schöpfung als eine plausible Erklärung, vielmehr wird sie mit emotionalem, unwissenschaftlichem und blindem Glauben gleichgesetzt.

Gelegentlich findet man Wissenschaftler, die die Angelegenheit fairer darstellen. Zum Beispiel haben Harry J. Fuller und Oswald Tippo von der Universität Illinois in ihrer Arbeit geschrieben:

> Manche Leute nehmen an, und das ganz und gar nur aus Glauben, eine göttliche Schöpfung hätte alle lebende Substanz hervorgebracht. Die einzige Alternative dazu, scheint die Annahme zu sein, daß zu irgendeiner Zeit in dunkler Vergangenheit die Möglichkeit der Verbindung von nötigen Chemikalien in besten Temperatur-, Feuchtigkeitsbedingungen etc lebendiges Protoplasma hervorgebracht hat. ... Im Grunde sind die Biologen in ihren Versuchen zu erklären, wie das erste Protoplasma entstand, so weit vom Erfolg entfernt, wie sie es immer waren. Die Grundlage derer, die die Herkunft des Lebens der Verbindung zufällig einander passender Chemikalien zuschreiben, ist um nichts handfester als der Glaube an eine göttliche Schöpfung als Ursprung des Lebens. Offenbar haben die Letztgenannten ebensoviel Berechtigung für ihren Glauben wie die Vorstehenden.[77]

Mit anderen Worten: Der Evolutionist weiß nicht, wie das Leben entstand. Was auch immer er zu diesem Thema annimmt, er tut es auf der Grundlage des Glaubens.

Der Glaube ist auch erforderlich, andere Aspekte der Evolutionstheorie zu akzeptieren. Was die Erklärung zur Herkunft des ersten Pferdes angeht, sagt George Gaylord Simpson: »Es liegt in der Natur der Dinge, daß diese Hypothese nicht kategorisch ausgeschlossen werden kann. Mancher respektable Wissenschaftler unterstützt sie. Nichtsdestoweniger ist sie so unwahrscheinlich sozusagen unannehmbar, solange wir keine Hypothese finden, die die Fakten besser erklärt.«[78]

Huxley sieht, daß die Chancen für eine zufällige Entstehung des Pferdes geradezu nicht gegeben sind, und doch folgert er rein aus Glauben: »Niemand würde darauf wetten, daß etwas so Unwahrscheinliches stattgefunden hat; und doch ist es geschehen. Es ist geschehen dank der Arbeit der natürlichen Auslese und des Vermögens lebender Substanzen, die die natürliche Selektion unwiderlegbar macht.«[79]

Was die Entwicklung der Wirbeltiere und der Wirbellosen angeht, erklärt der berühmte Hooton auf sehr unwissenschaftliche Weise: »All das ist kompliziert, obskur und dubios. Trotzdem, da entwickelte sich von den Wirbellosen ein Stamm, der auf Biegen und Brechen ein Rückgrat brauchte.«[80]

Andere Angaben

Andere vorgebliche Beweise für Evolution werden oft und regelmäßig eher in popularwissenschaftlichen Medien als in Technikzeitschriften oder Fachbüchern präsentiert. Sie sind:

77 Harry J. Fuller und Oswald Tippo, College Botany, New York, Holt Rinehart & Winston, 1961, S. 25.

78 George Gaylord Simpson, »The Great Animal Invasion«, Natural History 49, April 1942, S. 206.

79 Huxley, S. 4.

80 Ernest A. Hooton, Up from The Ape, New York, Macmillan, 1936, S. 56.

1) embryonale Zusammenfassung, in der der Embryo im Mutterleib die verschiedenen Stufen der Evolution durchläuft 2) serologische Versuche, die mit Hilfe von Blutausflockungen die Beziehung der Arten aufzeigen und 3) die Unvererbbarkeit der erworbenen Eigenschaften.

Zu Punkt 1 sagt C. H. Waddington von der Universität Edinburgh: »Die Art des analogen Denkens, die zu Theorien führt, daß Entwicklung auf der Zusammenfassung verschiedener Stufen von Vorfahren beruht, scheint heute ganz und gar nicht mehr überzeugend oder selbst von großem Interesse für Biologen zu sein.«[81]

Die Blutuntersuchungen unter der Leitung von George Nuttall aus Cambridge im Jahre 1904 sind so unschlüssig, daß man sagen kann, sie beweisen gar nichts. Sie haben tatsächlich bewiesen, daß Hyänen mehr mit Katzen verwandt sind als diese mit sich selbst, und Schweine stehen Katzen näher als Hunde.

Generell gesprochen wird die Lehre der Unvererbbarkeit erworbener Eigenschaften, bekannt als Lamarckismus, von den meisten Biologen als keine gute Erklärung für die Evolution angesehen, auch wenn Darwin sie akzeptierte und auf jeden Fall anwendete, sobald ihn die natürliche Selektion im Stich ließ. Sie erscheint in den bekannteren Veröffentlichungen zur Evolution, wie die, die man mit ziemlicher Regelmäßigkeit in *The Reader's Digest* sehen kann. Dagegen spricht allerdings die offensichtliche Schwierigkeit, einen gangbaren Weg zu finden, um beispielsweise den Bizeps eines Mannes so zu entwickeln, daß er die Genstruktur des Körpers verändert und diesen größeren Muskel den Kindern vererbt.

Die Notwendigkeit der Zeit

Wann immer Anhänger der Evolutionstheorie mit diesen fundamentalen Mängeln ihrer Theorie konfrontiert werden, ziehen sie sich auf den Standpunkt zurück, alles geschah über lange Zeiträume hinweg. Obgleich sich die verbindenden Mutationen heute nicht beobachten lassen, behaupten sie, alles könnte geschehen sein, wenn man nur genügend Zeit gibt. Huxley erklärt zum Beispiel: »Alle lebenden Dinge sind gleich alt - alle können sie ihren Ahnenstamm auf etwa zweitausend Millionen Jahre zurückverfolgen. Mit dieser zur Verfügung stehenden Zeit können leicht kleine Angleichungen gemacht werden, um die wunderbaren Zwischenstücke hinzuzufügen. Die leichten Verschiebungen in den Genen zwischen den Abschnitten zweier Generationen können zu radikalen Veränderungen und ganz neuen Arten herauf multipliziert werden.«[82]

Der durchschnittliche Hörer wird leichthin eine solche Aussage akzeptieren, weil er davon ausgeht, daß zwei Billionen Jahre ein genügend langer Zeitraum ist, der alles abdeckt, was durch Zufall entstanden sein kann.

Diese Idee läßt sich mathematisch untersuchen. Kann man von einem natürlichen Prozeß, der sich an die Gesetze der Wahrscheinlichkeit hält (und ohne Übernatürliches gibt es keine andere Möglichkeit), erwarten, daß er das, was für die Evolution erforderlich ist, in zwei Billionen Jahren hervorgebracht hätte? Bolton Davidheiser, der in Biologie bei John Hopkins promovierte, hat eine geradezu verheerende Analogie bezüglich der Wahrscheinlichkeitsrechnung, die über lange Zeiträume arbeitet, verfaßt, die deutlich die Unhaltbarkeit der erhobenen Ansprüche in der Evolution zeigt. Die dazu gehörende mathematische Formel können Sie bei William Feller finden.[83]

---

81 C.H. Waddington, Principles of Embryology, London, George Allan & Unwin, 1956, S. 10.

82 Huxley, S. 41.

83 William Feller, An Introduction to Probability Theory and Its Implications, New York, Wiley, 1950, 1: 226.

Er baut auf dem bekannten Satz auf, der üblicherweise Thomas Huxley zugeschrieben wird: Wäre es einer Million Affen erlaubt, die Tastaturen von einer Million Schreibmaschinen eine Million Jahre lang zu bedienen, dann hätte einer von ihnen möglicherweise zufällig die Kopie eines Shakespeare-Dramas vollbracht. Dann beginnt er sein Experiment unter festgelegten Bedingungen, um die Fakten mathematisch auswerten zu können. Zum Beispiel: Hätten die Affen Schreibmaschinen, die nur Großbuchstaben schreiben, sieben Punktierungszeichen und eine Leertaste haben. Sie tippen 24 Stunden am Tag mit einer Geschwindigkeit von zwölfeinhalb Zeichen pro Sekunde. Anstelle eines Stückes von Shakespeare verlangt das Experiment von ihnen, nur den ersten Vers aus dem ersten Buch Mose, Kapitel 1, zu schreiben (in Englisch!). Wie lange würden die Affen entsprechend der Wahrscheinlichkeitsgesetze und unter diesen wenigen Bedingungen dazu brauchen? Dr. Davidheisers Antwort lautet wie folgt:

> Die Länge der Zeit liegt weit außerhalb unserer Vorstellungskraft, ein Bild mag jedoch helfen. Denken Sie an einen großen Berg, der aus solidem Fels besteht. Einmal im Jahr kommt ein Vogel, der seinen Schnabel daran reibt und dabei die Menge abträgt, die dem eines feinen Sandkornes entspricht (ca. 0,06 mm im Durchmesser). Bei dieser Geschwindigkeit von Erosion würde es sehr lange dauern, bis der Berg verschwunden wäre. Wenn er vollständig abgetragen wäre, würden sich die Affen immer noch aufwärmen.
>
> Versuchen Sie an einen Felsen zu denken, der nicht die Größe eines Berges hat, sondern größer als die ganze Erde ist. Versuchen sie sich den Berg so vorzustellen, daß wenn die Erde in seinem Mittelpunkt wäre, seine Spitze den nächsten Stern berühren würde. Dieser Stern liegt so weit entfernt, daß das Licht zu uns über vier Jahre lang unterwegs ist mit einer Geschwindigkeit von 300.000 km pro Sekunde. Wenn nun jede Million Jahre

wieder ein Vogel käme und den Gehalt eines feinen Sandkornes abtragen würde, dann würden vier solcher Berge verschwunden sein, ehe die Affen 1. Mose 1,1 getippt hätte.
Sicherlich ist die Vorstellung sehr unwahrscheinlich, aber es ist offensichtlich, daß eine Million Affen in einer Million Jahren niemals ein Stück von Shakespeare schreiben würden.«[84]

Ähnlich verhält es sich mit der Idee, leblose Materie könnte sich durch Zufall in einer oder zwei Billionen Jahren zu dem jetzt bekannten Leben auf der Erde entwickelt haben. Es ist ebenso unvorstellbar.
Abschließend scheint klar, daß es der Evolution an der Mutation, an neuen Genen, an einer Art von Selektion, an fossilen Verbindungsformen und an der Zeit mangelt, die für ihre Theorie erforderlich wäre.

Angaben aus der Bibel

Obgleich es nicht das Anliegen dieser Erläuterung ist, alle Interpretationsmöglichkeiten des Schöpfungsberichtes aus dem 1. Buch Mose zu erforschen, so sollten einige seiner Hauptpunkte aber nochmals betrachtet werden.

Der Gott der Schöpfung

Im ersten Kapitel des 1. Buches Mose wird Gott mindestens siebzehn Mal als der Schöpfer erwähnt. Auch wenn es offenkundig sein sollte, ist es doch nötig darauf hinzuweisen, daß es sich hierbei um keine unpersönliche Macht handelt,

84 Bolton Davidheiser, Evolution and the Christians Faith, Grand Rapids, Baker, 1969, S. 363.

sondern um den Gott, den der Schreiber dieses Berichtes kannte. Mit anderen Worten, es wird vom Schöpfer gesagt, er sei der Gott des Mose, den Mose bereits als persönlichen, lebendigen und wunderwirkenden Gott kannte. Selbst wenn man sich an die Dokumentations-Hypothese hielte, muß der Gott aus diesem Abschnitt als derselbe Gott verstanden werden, der dem mutmaßlichen Schreiber oder Herausgeber dieser Kapitel bekannt war, und auch das schließt die Vorstellung aus, er sei ein unpersönliches Etwas. Mose hätte keine Schwierigkeit gehabt, an eine besondere Schöpfung Gottes zu glauben, weil sein Wissen über Gott auf Erfahrung beruhte.

Der Prozeß der Schöpfung

Es ist heute üblich zu sagen, daß die wichtige Wahrheit des Schöpfungsberichtes in der Frage nach dem Schöpfer und nicht in der Frage nach der Art seines Schaffens besteht. Aber selbst ein flüchtiger Blick auf diesen Bericht wird zu erkennen geben, wie leichtfertig eine solche Aussage ist. Gott »schuf«, »machte«, »sagte«, »rief«, »setzte«, »formte«, »ließ werden«, »nahm«, »pflanzte« und »segnete«. Sein kreatives Handeln wird durch diese Verben umschrieben. Außerdem zeigt dieser Abschnitt die Reihenfolge der Schöpfung: »Tag« für »Tag«. Und er enthält den Anfang von Gottes Schöpfung (1,1) sowie das Ende (2,1). Mit anderen Worten berichtet uns der Inhalt des 1. Buches Mose über das Wer, das Wie, die Ordnung und die Vollständigkeit des Schöpfungsprozesses.

Die Dauer der Schöpfung

Bezüglich der Frage nach der Dauer der Schöpfung gibt es einige wichtige Tatsachen, die zu beachten sind. Erstens: Das vor über drei Jahrhunderten von Ussher (1581-1656) verfaßte Datierungsschema gehört offensichtlich nicht zum inspirierten Text der Schrift.

Zweitens: Die Begrenzung der Zeiteinheiten in »Tage« beginnt nicht vor dem dritten Vers des ersten Kapitels. Das bedeutet, daß die Verse eins und zwei eine unbestimmt lange Zeitperiode abdecken können. Ob man hierbei den ersten Vers als eine Originalaussage zur Schöpfung oder als Überschrift des Kapitels ansieht, spielt keine Rolle. Auch scheint die Übersetzung des ersten Verbes im zweiten Vers den Kernpunkt der Frage nicht zu berühren. Wenn man das Verb mit »wurde« übersetzt und eine Art Katastrophe zwischen den Versen eins und zwei annimmt, dann gibt es offenbar einen unbestimmten Zeitraum in den beiden Versen. Wenn man das Verb mit »war« übersetzt, würde dies die einfache Bestandsaufnahme des Zustandes der Erde zu dieser Zeit bedeuten, ob sich ihr Zustand zum ersten Vers mittlerweile verändert hatte oder nicht, und es könnte immer noch einen langen Zeitraum zwischen den beiden Versen einschließen. Beide dieser Interpretationen können mit dem Fall Satans aus dem Himmel verbunden werden, müssen es aber nicht notwendigerweise.

Drittens: Sieben Tage werden in dem Bericht gekennzeichnet, jeder von ihnen durch eine Nummer und alle außer dem siebenten durch den Zusatz »Abend und Morgen«. Welche Länge man diesen Tagen auch immer zuschreibt, wichtig ist es zu bemerken, daß der Mensch am sechsten Tag erschaffen wurde und daher von jüngerer Herkunft ist, verglichen mit den anderen Geschöpfen, die Tiere inbegriffen.

Viertens: Die Ergebnisse der Flut und ihre Auswirkung auf die Erde, so wie wir sie heute vorfinden, müssen ein Teil des Gesamtbildes der Schöpfung sein.

Fünftens: Ein Schöpfungsakt würde höchstwahrscheinlich das Merkmal des Alters im erschaffenen Objekt beinhalten. Diamanten, die im Labor hergestellt sind, erscheinen genauso alt, wie die in der Erde gefundenen, aber in Wirklichkeit sind sie gerade erst entstanden. Der Wein, den Christus zu Kana gemacht hat (Johannes 2) sah so aus, als wäre er durch eine lange Reifungsphase gegangen, obwohl er in Wahrheit erst wenige Minuten alt war, als man ihn zu trinken begann. Der

Bericht über die Erschaffung von Adam und Eva spricht von ausgewachsenen Menschen, die nur scheinbar den normalen Wachstumsprozeß vollzogen haben. Wo Gott in anderen Bereichen seiner Schöpfung auf diese Weise verfahren ist, wissen wir nicht, aber es ist klar, daß er es bei einigen Gelegenheiten tat.[85]

Dieses sind die wichtigsten Tatsachen, die uns die Bibel hinsichtlich der Schöpfung offenbart. Weil die Bibel und Christus selbst den Anspruch auf Wahrhaftigkeit erheben, weil sie sich auf anderen Gebieten als zuverlässig erwiesen hat (besonders im Punkt der erfüllten Prophetie) und weil die Angaben der Evolutionstheorie auf Zirkelschluß-Argumenten beruht, voller Lücken ist und ein beträchtliches Maß an blindem Glauben voraussetzt, sollte die Wahl bezüglich der Schöpfung nicht schwer fallen.

85 Beachtenswert bezüglich dieses Punktes ist die hervorragende Ausarbeitung in John C. Whitcomb, The Early Earth, Grand Rapids, Baker, 1972, S. 29-33.

11 Die Frage der Homosexualität

Ohne Frage ist die Homosexualität zu einem bedeutenden Thema unserer Zeit geworden. Die Offenheit und Schlagkraft der homosexuellen Bewegung hat in den vergangenen Jahren dramatisch zugenommen. Früher wurde nicht öffentlich darüber geredet, und wenn man es tat, dann wurden die Bewegung und diejenigen, die ihr angehörten oft verspottet. Heute haben Homosexuelle als Gruppe einen beträchtlichen Einfluß erlangt, und jeder Schlag gegen sie wird umgehend und kräftig erwidert. Erinnern wir uns an einige der Worte, die man früher benutzte, um Homosexuelle zu beschreiben. Obwohl das englische Wörterbuch »homosexuell« noch als eine der Bedeutungen des Wortes *queer* (sonderbar, seltsam, wunderlich) angibt, würde man heute nicht mehr wagen, dieses Wort in der Öffentlichkeit zu gebrauchen. Schwul (engl.: *gay*, A.d.Ü.) ist das Wort, das heute modern ist. »Schwulenrechte« werden in vielen Arenen verfochten, und jährlich finden in vielen Städten »Schwulenparaden« statt.

Bis 1973 stand Homosexualität auf der Liste für mentale Störungen der Vereinigung Amerikanischer Nervenärzte, 1974 wurde es aber entfernt. Verfechter der Bewegung sagen uns, daß man Homosexualität nicht länger als einen von der Norm abweichenden Lebensstil bezeichnen, sondern als einen alternativen Lebensstil begreifen sollte. Homosexualität wurde sogar mit der Linkshändigkeit verglichen, um sie moralisch neutral und dadurch annehmbar zu machen.

Die Hinweise zur Homosexualität im Alten Testament

Homosexualität wird acht Mal in der Schrift erwähnt (vier Mal in jedem Testament) und die lesbische Liebe (Homosexualität zwischen Frauen) einmal. In keinem Fall wird es positiv erwähnt, sondern immer als falsch und unnatürlich beschrieben. Bei der ersten Begebenheit, dem Bericht über Lot in Sodom, gibt es unterschiedliche Ansichten zur Frage, ob es sich um Homosexualität handelt oder nicht (1Mo 19,4-11). Mit Blick auf die wachsende Beliebtheit der homosexuellen Bewegung wird heute gesagt, die Sünde war nicht die Homosexualität, sondern Ungastlichkeit und gemeinschaftliche Vergewaltigung.

Die Behauptung geht soweit, daß, als Lot die beiden Engel empfing (die in menschlicher Gestalt erschienen und den Einwohnern Sodoms fremd waren), er die Anwohner verärgerte, weil niemand ihre Vertrauenswürdigkeit überprüft hatte. Als nun die Anwohner verlangten, sie zu »erkennen« (V. 5), wollten sie nur ihre Bekanntschaft machen. Lot hingegen war den Fremden gegenüber zur Gastfreundschaft verpflichtet und schützte seine Gäste; so bot er an, seine Töchter der Menge preiszugeben. Und hätten die Engel die Menschen der Stadt nicht geblendet, dann wäre es zur gemeinschaftlichen Notzucht gekommen. Aus diesem Argument wird aber gefolgert, daß es niemals die Absicht der Männer Sodoms war, homosexuelle Beziehungen zu den Fremden einzugehen. Diese Ansicht erlangte erstmalig 1955 Zustimmung und ist seither oft wieder vertreten worden.

Man könnte das Wort »erkennen« mit »die Bekanntschaft mit jemandem machen« auslegen. Es bedeutet aber auch, »mit jemandem Verkehr zu haben«; in diesem Sinne wird es im 1. Buch Mose neunzehn Mal verwendet. Statistiken sind in dieser Angelegenheit aber nicht ausschlaggebend. Entscheidend ist die Verwendung des Wortes in Vers 8. Hier bedeutet es offensichtlich, daß Lots Töchter mit noch keinem Mann Verkehr gehabt hatten. Es kann bestimmt nicht heißen, daß sie noch nie die Bekanntschaft eines Mannes gemacht hätten. Wenn »Verkehr haben« die sichere Bedeutung von Vers 8 ist, dann hat demnach das Verb in Vers 5 dieselbe Bedeutung (auch wenn es sich dabei um homosexuelle Beziehungen handelt). Die Männer Sodoms gierten nach den beiden Männern (Engeln) mit dem Wunsch, homosexuelle Beziehungen mit ihnen zu haben.

Es ist richtig, daß Gastfreundschaft in jener Gesellschaft einen sehr hohen Stellenwert hatte. Ebenso wichtig war es aber auch, die Ehre seiner Töchter zu schützen. Müssen wir Lot so verstehen, daß er seine Töchter der Gewalt preisgegeben hätte, um Ungastlichkeit seinen Gästen gegenüber zu vermeiden (was dann also als die größere Sünde angesehen werden konnte)? Sicherlich würde keine der Sünden die andere entschuldigt haben.

An anderen Stellen des Alten Testamentes wird uns gesagt, die Sünde der Männer Sodoms war Überheblichkeit, ein Mangel an Sorge für die Armen und so weiter (Hes 16,48-50; Jes 1,10-17; 3,8-9; Jer 23,12-14). Zwei Passagen verurteilen Sodom dafür, daß sie »Greuel verübt« haben. Dieses Wort ist dasselbe, das in 3. Mose 18,22 gebraucht wird, um den Greuel auszudrücken, der begangen wird, wenn ein Mann bei einem anderen Mann wie bei einer Frau liegt. Tatsache ist, daß Sodom wegen einer Menge Sünden verurteilt wurde, eine davon war jedoch Homosexualität, ein Greuel vor dem Herrn.

Als den Israeliten durch Mose das Gesetz gegeben wurde, war darin Homosexualität ausdrücklich verboten. *»Und bei einem Mann sollst du nicht liegen, wie man bei einer Frau liegt: ein Greuel ist es«* (3Mo 18,22). *»Wenn ein Mann bei einem Mann liegt, wie man bei einer Frau liegt, dann haben beide einen Greuel verübt. Sie müssen getötet werden, ihr Blut ist auf ihnen«* (3Mo 20,13). Sie tragen selbst für ihren Tod die Verantwortung.

Ein dritter Hinweis im Mosaischen Gesetz verbietet es, Geld für eine Opfergabe zu verwenden, das durch weibliche oder männliche Prostitution erlangt wurde. *»Du sollst keinen Hurenlohn und kein Hundegeld in das Haus des Herrn, deines Gottes, bringen für irgendein Gelübde; denn auch diese beiden sind ein Greuel vor dem Herrn, deinen Gott«* (5Mo 23,19). Die Bezeichnung »Hund« wurde auf einen männlichen Prostituierten angewendet. Geld zu verwenden, das durch Prostitution erlangt wurde, um Gott ein Opfer zu bringen und ihm dadurch Dank zu erweisen, war ein Greuel vor dem Herrn.

Autoren, die Homosexualität befürworten, versuchen das klare Verbot an diesen Stellen herunterzuspielen, indem sie zwischen rituellen Geboten und moralischen Geboten feine Unterscheidungen vornehmen wollen. Sie sagen, das Gesetz der rituellen Reinheit mußte befolgt werden, um der mosaischen Anbetungsform Genüge zu leisten, aber mit moralischer Reinheit hätte es nichts gemein. Auf einer solchen Unterscheidung zu beharren, drückt ein Wunschdenken aus, denn oftmals überschneiden sich die rituelle und die moralische Reinheit. Andernfalls könnte man folgern, daß Sünden, die im gleichen Zusammenhang erwähnt werden, ausschließlich die rituelle Reinheit beträfen und deshalb nicht unmoralisch wären. Sünden dieser Art würden den Ehebruch, das Opfern von Kindern und die Unzucht mit Tieren einschließen (3Mo 18,20-21.23). So, wie es undenkbar ist, diese Dinge lediglich unter dem Aspekt der rituellen Reinheit zu betrachten, ist es undenkbar, Homosexualität nur rituell und nicht als Sünde in den Augen Gottes anzusehen.

Manche prohomosexuellen Verfasser versuchen, die Autorität dieser Gebote für nichtig zu erklären, indem sie sagen, daß das Mosaische Gesetz weggetan worden sei (2Kor 3,7-11). Es findet aber immer noch Verwendung, und sein Gebrauch macht deutlich, daß Homosexualität moralisch falsch ist. *»Wir wissen aber, daß das Gesetz gut ist, wenn jemand es gesetzmäßig gebraucht, indem er dies weiß, daß für einen Gerechten das Gesetz nicht bestimmt ist, sondern für Gesetzlose und Widerspenstige, für Gottlose und Sünder, für Heillose und Unheilige, Vatermörder und Muttermörder,*

Mörder, Unzüchtige, Knabenschänder, Menschenräuber, Lügner, Meineidige, und wenn etwas anderes der gesunden Lehre entgegensteht ...« (1Tim 1,8-11).

Obgleich es wahr ist, daß das Mosaische Gesetz als Verhaltenskodex weggetan worden ist, so ist es ebenso wahr, daß an seine Stelle für den Gläubigen ein anderer Kodex in Kraft getreten ist, und das ist das Gesetz Christi (Gal 6,2) oder das Gesetz des Geistes des Lebens in Christus Jesus (Röm 8,2), und dieser neue Kodex, unter dem der Gläubige lebt, umfaßt das Verbot der Homosexualität.

Aussagen zur Homosexualität im Neuen Testament

Im Römer 1,18-32 schreibt Paulus über den Zorn Gottes, der gegen alles Ungöttliche und Ungerechte gerichtet ist. Der Grund für seinen Zorn ist der, daß die Menschen die Erscheinung Gottes pervertiert haben. Die Perversion hat die Herrlichkeit des wahren Gottes durch Götzenbilder von Menschen, Vögeln, Tieren und kriechenden Geschöpfen ersetzt, die Menschen sich selbst gemacht haben.

Daraufhin sprach Gott das Urteil über diese Welt. Dreimal sagt Paulus, daß Gott die Menschen ihren verschiedenen Lüsten und Perversionen überlassen hat, die Homosexualität und lesbische Liebe einschließen (Röm 1,24.26.28). *»Deswegen hat Gott sie dahingegeben in schändliche Leidenschaften. Denn ihre Frauen haben den natürlichen Verkehr in den unnatürlichen verwandelt, und ebenso haben auch die Männer den natürlichen Verkehr mit den Frauen verlassen, sind in ihrer Wollust zueinander entbrannt, indem sie Männer mit Männern Schande trieben, und empfingen den gebührenden Lohn ihrer Verirrungen an sich selbst«* (Röm 1,26-27).

Zu beachten sind die Worte, die Paulus für die lesbische Liebe und die Homosexualität gebraucht: »erniedrigend«, »unnatürlich«, »unzüchtig«. Auch wenn Homosexuelle und

Lesben sagen, solches Verhalten sei keineswegs erniedrigend oder unnatürlich, ändert das nichts am Charakter dieser Sünden in den Augen Gottes. Lesbiertum und Homosexualität an sich sind falsch.

In 1. Korinther 6,9-10 schreibt Paulus: *»Oder wißt ihr nicht, daß Ungerechte das Reich Gottes nicht erben werden? Irrt euch nicht! Weder Unzüchtige, noch Götzendiener, noch Ehebrecher, noch Wollüstige, noch Knabenschänder, noch Diebe, noch Habsüchtige, noch Trunkenbolde, noch Lästerer, noch Räuber werden das Reich Gottes erben.«* »Wollüstige« bezieht sich auf Männer und Jungen, die erlauben, daß man sie homosexuell mißbraucht - als passive Partner. »Knabenschänder« sind solche, die den aktiven Teil in der homosexuellen Beziehung übernehmen.[86]

Paulus' spezifischer Wortgebrauch läßt keine Frage offen, auf was er sich bezieht und was er verurteilt.

Paulus verwendet in 1. Timotheus 1,10 dasselbe Wort für Knabenschänder und stellt fest, daß solche Leute gesetzlos sind, widerspenstig, gottlos, Sünder, unheilig und Ruchlose. Sie sind nicht einfach genetisch anders oder Leute mit einer Unausgewogenheit im Hormonhaushalt.

Das Neue Testament bezieht sich in Judas 7 auch auf die grobe Unmoral der Sünde Sodoms, daß sie hinter »fremden Fleisch« herliefen. Fremdes Fleisch bedeutet anderes Fleisch, anderes als das, was erlaubt oder natürlich ist. Was in Sodom geschah, ist analog zu dem, was Engel mit den Töchtern der Menschen taten, als sie zu ihnen Beziehungen hatten (1Mo 6,1-4). Das war unnormal und fremd (obgleich es im Fall der Engel nicht Homosexualität war). Die Sünde Sodoms war hingegen Homosexualität, denn der *natürliche* Gebrauch von Fleisch ist die heterosexuelle Beziehung.

---

86 William F. Arndt und F. Wilbur Gingrich, A Greek-English Lexicon of the New Testament, University of Chicagop, 1957, S. 109 u. 489-90.

87 Christianity Today, 18. August, 1989, S. 22.

Die Lehre unseres Herrn

Prohomosexuelle Autoren heben besonders die Tatsache hervor, daß Christus in keinen seiner aufgeführten Lehren das Thema Homosexualität erwähnt. Dennoch schwieg unser Herr nicht zum Thema der Sexualität. Er verurteilte den Ehebruch (Mt 5,27-28) und pries die heterosexuelle Beziehung, die Gott schuf, als er Adam und Eva machte (Mt 19,3-6; Mk 10,6-9). Die gottgesetzte Norm war vom Beginn der Schöpfung an Männliches mit Weiblichem, was unser Herr deutlich bekräftigt hat.

Ist Gesundung möglich?

Experten sind unterschiedlicher Meinung darüber, ob die Genesung von Homosexualität möglich ist. Unter vielen großen Artikeln, die in *Christianity Today zu* diesem Thema erschienen sind, gab es ein klares und ausführliches Zeugnis von jemandem, der »früher homosexuell war und jetzt Heterosexualität erlebt.«[87]

Statistiken über eine Gesundung schwanken bei Gruppen, die Ex-Homosexuellen geholfen haben, zwischen 30 und 90 Prozent, obwohl man sich aus verständlichen Gründen über Statistiken nicht sicher sein kann.

Gesundung kann verschiedene Dinge bedeuten. Es kann, wie in dem zuvor geschilderten Fall, eine Orientierung zur Heterosexualität bedeuten. In anderen Fällen kann es bedeuten, sich im Prozeß der Umgewöhnung zu befinden. Es kann auch praktische Enthaltsamkeit bedeuten. Zweifellos können während der Gesundung auch Fehltritte passieren, das gilt aber ebenso für jede andere Sünde.

Paulus hat es offensichtlich beobachten können, daß Genesung möglich ist, denn er schrieb den Korinthern, die Homosexuelle waren: *»das sind manche von euch gewesen«*

(1Kor 6,11). Lebensgewohnheiten können sich durch die Waschung, Heiligung und Rechtfertigung durch unseren Herrn Jesus Christus verändern.

12 Die Frage der Schulden

»Der Schuldner ist seinem Gläubiger Sklave« (Spr 22,7). Das bedeutet, daß es es Millionen von Sklaven in dieser Welt gibt und viele von ihnen sind Christen.

Ein Mensch kann in unserer Gesellschaft kaum noch funktionieren, wenn er nicht im Besitz einer gültigen Kreditkarte ist, vielleicht auch nur, um sich damit auszuweisen. Das ist für gewöhnlich aber nicht der Hauptgrund, warum Menschen eine Kreditkarte und ein Bankkonto haben. Sie haben dieses, um jetzt kaufen zu können und erst später zu bezahlen. Wir können beinahe alles auf Kredit bekommen - Taxifahrten, Ski-Pässe, kirchliche Trauungen und sogar Beerdigungen.

Wie kann aber jemand, der Wohlhabende ausgenommen, ohne Schulden leben? Sogar dann, wenn die Preise herabgesetzt sind, lassen sich besonders für junge Paare Wohnungseinrichtungen kaum noch finanzieren. Die Leasingsrate bei einem Autokauf ist von 36 Monaten auf 48 verlängert worden. Viele *müssen* beim Kauf eines Möbelstückes oder bei einer größeren Anschaffung einen Kredit aufnehmen.

Römer 13,8

Was bedeutet Römer 13,8; und kann es wirklich auf das moderne Leben angewendet werden? Der diesem Vers vorangestellte Absatz bezieht sich auf die Verantwortung, die ein

Gläubiger gegenüber seiner Regierung trägt. Eine Verpflichtung ist, Steuern zu entrichten (V. 6-7). Wir müssen an Zahlung leisten, was öffentliche Einrichtungen benötigen. Tribute waren als direkte Steuern für Menschen mit Grundeigentum zu zahlen, und Güter wurden als indirekte Steuern für Waren erhoben. Die im Auftrag der römischen Regierung eingesetzten Steuereintreiber waren, um es vorsichtig auszudrücken, nicht sonderlich beliebt. Nichtsdestoweniger hatten Gläubige ihnen Respekt und Ehrerbietung entgegenzubringen.

Nachdem Paulus seine Leser an ihre Zahlungsverpflichtung erinnerte, kommt er auf eine noch größere Verpflichtung zu sprechen. *»Seid niemand irgend etwas schuldig, als nur einander zu lieben.«* »Niemandem etwas schuldig zu sein« faßt die Aufforderungen in den vorangegangenen Versen zusammen (und wird im Originaltext doppelt verneint, was die Bedeutung betonend hervorhebt). Um finanzielle Faktoren von dieser Aussage auszuschließen, muß man den vorangegangenen Zusammenhang unberücksichtigt lassen. Die Verse 6 und 7 sagen »bezahle«, Vers 8 sagt »schulde nicht«.

Dieser Vers dient auch als Überleitung von den Verpflichtungen der Regierung gegenüber zu den Verpflichtungen gegenüber den Menschen. Einander zu lieben ist das Fundament; dieses ist eine Schuld, die niemals ganz abbezahlt werden kann. Die einzige Schuld, die unbezahlt bleiben sollte, ist die, andere zu lieben. Wir sollten ständig versuchen, sie zu begleichen. Wir bezahlen täglich an der Schuld der Liebe, und doch häuft jeder neue Tag diesen Schuldenberg noch an.

Was sind Schulden?

Schulden sind genau genommen alles, wofür nicht bezahlt worden ist. Selbst wenn ein Krämer dir für etwas eine Zahlungsfrist von dreißig Tagen einräumt, und du jederzeit das Geld hast, um zu bezahlen, bis du es wirklich bezahlt hast, lebst du in Schulden.

Schulden existieren ferner, wenn Verbindlichkeiten (die man schuldig ist) das Guthaben überschreiten (der Grundstock von dem sich zurückzahlen läßt, was man schuldet). Diese Definition von Schulden mag in verschiedenen Ausprägungen realistischerweise auf die ökonomische Situation von vielen Familien anwendbar sein. Der entscheidende Punkt liegt dann sicherlich darin, sie in einen jährlichen Haushaltsplan einzubinden. Wenn auf der Grundlage einer Jahresabrechnung die Verpflichtungen höher liegen als das Guthaben, dann liegt ein ernstes Problem vor. Auf der anderen Seite sind monatliche Abrechnungen in manchen Fällen unausgeglichen, weil in einigen Monaten die Ausgaben beispielsweise wegen Steuern oder Versicherungszahlungen höher sind als das Einkommen. Das Einkommen muß dann in anderen Monaten höher sein als die Ausgaben, um sie über das Jahr kompensieren zu können.

Immer dann, wenn etwas geschuldet wird, liegen technisch gesehen Schulden vor. Eine in dreißig Tagen abzuzahlende Summe scheint aber nicht das biblische Gebot zu verletzen, wenn man davon ausgeht, daß das Guthaben ohne weiteres vorhanden ist, mit dem man jeder Zeit die Summe begleichen kann.

Wie steht es um Schulden, die für das Borgen von Sachen über ein Jahr lang hinausgezögert werden? Ein Automobil oder ein Haus? Sind Ratenzahlungen über achtundvierzig Monate für ein Auto oder eine dreißigjährige Hypothek auf ein Haus biblisch gesprochen illegitime Schulden? Die Antwort ergibt sich daraus, ob unverzüglich Werte zur Verfügung gestellt werden können, die die Zahlungsverpflichtung abzudecken vermögen, falls diese Handlung zu Gebote stünde. Mit anderen Worten ausgedrückt: Hat das Haus selbst genügend Grundwert, um die Hypothek zu decken, wenn es plötzlich verkauft werden müßte? Ist das Auto so viel wert, um das Darlehen begleichen zu können, wenn es verkauft werden müßte?

Es wurde gesagt, daß der Kauf eines Hauses oder eines Stückes Land mittels einer Hypothek nicht gegen das biblische Gebot verstossen würde, niemandem nichts schuldig zu sein, weil sich der Wert der Grundstücke erhöhen würde. Wieviele haben es aber während der 80er und 90er Jahre auf schlimme Weise erfahren, daß Grundstückshandel nicht immer mit Wertsteigerungen verbunden ist. Darum rate ich, um Hypotheken im biblischen Sinne aufzunehmen, vorerst eine genügend große Anzahlung geleistet zu haben, damit es in Zeiten der Wertminderung bei einem Verkaufszwang durch niedrige Grundstückspreise zu keinen Schwierigkeiten kommen kann. Ein Schätzwert ist nicht unbedingt gleichzusetzen mit dem, was der Markt bringen würde, sollte das Haus einmal plötzlich verkauft werden müssen. Darin liegt der tatsächliche Wert des Gutes, und dieser Wert muß jederzeit genügen, um jede Schuld abdecken zu können, wenn es verkauft werden muß.

Wie sollte ein Christ in unserer Gesellschaft der schnellen Kredite leben? Welches sind die biblischen Ratschläge bezüglich des Druckes und der Versuchung von Schulden?

Schulden haben ist Sklaverei

Zunächst betrachte die Schulden als das, was sie sind: Sklaverei. *»Der Reiche herrscht über den Armen, und Sklave ist der Schuldner seinem Gläubiger«* (Spr 22,7).

Körperliche Sklaverei war zur Zeit des Alten Testamentes manchmal die Strafe für nicht zurückgezahlte Schulden. Wenn sich ein Israelit einem seiner Landsleute verkaufte, um damit seine Schulden bei ihm zu begleichen, wurde er mehr wie ein angestellter Knecht behandelt denn als Sklave und im alle fünfzig Jahre auftretenden Jubeljahr freigelassen (3Mo 25,39-41). Wenn er sich dagegen einem Fremden verkaufte, der keiner Verpflichtung unterlag, ihn loszugeben, konnte er seine Freiheit nur wiedererlangen, wenn er selbst oder ein Verwandter, den er finden mußte, seine Schulden bezahlt hatte (3Mo 25,7.47-49; siehe auch Mt 18,25). Freiheit aus Sklaverei und das Begleichen der Schulden haben die gleiche Bedeutung (Mt 18,27).

Für einen Christen kann es nur allzu leicht passieren, daß sein Gebundensein durch Schulden ihn hindert nach Gottes Willen zu handeln. Einmal gab ich einem jungen Mann einen Rat. Er war in seinem Beruf unglücklich und wollte sich auf die Verkündigung im Gottesdienst vorbereiten. Weil er in seinem Beruf noch nicht etabliert war und keine anderen Familienverpflichtungen hatte außer einer Frau, die er versorgen mußte, fragte ich ihn, warum er nicht erwägen würde, seinen Beruf aufzugeben und vollzeitlich für den Dienst in der Gemeinde ein Studium zu beginnen. »Ich habe zu viele finanzielle Verpflichtungen«, antwortete er. Ich mußte mich offen darüber wundern, wie ein junger Mann auf seiner Stufe so viele Schulden anhäufen konnte. »Ein Büro, ein teures Haus und zwei neue Autos.« Als die Liste wuchs, wurde klar, warum es unmöglich war, daß er für den Dienst studieren konnte. Er hatte zuviele Schulden, die ihn versklavten und ihn an seinen Beruf banden.

Begierden bringen Schulden

Zweitens: Sei darüber im klaren, daß Habsucht häufig zu unnötigen Schulden führt, mit der Folge der Versklavung. Habsucht ist Götzendienst (Kol 3,5). Sie offenbart sich in Aussagen wie: »Ich muß dieses haben.« »Ohne das kann ich nicht leben.«

Götzendienerische Habgier wird auch durch gesellschaftlichen Druck erzeugt. Die Werbeindustrie blendet uns mit Anzeigen, die Artikel als »unbedingt notwendig« erscheinen lassen. Wir haben es verlernt, Notwendiges von Luxus zu unterscheiden. Zusätzlich hören wir die falsche Behauptung, das Christentum und der Wohlstand gingen miteinander Hand in Hand, so daß das Volk Gottes höhere Lebensstandards erwartet. Christen dürfen schöne Dinge genießen, aber sie müssen erschwinglich sein und dem Willen Gottes für den einzelnen oder die Familie entsprechen.

Zu viele Familien haben sich in Schulden gestürzt, weil sie sich einen Wagen gekauft haben, den sie sich nicht leisten konnten, oder weil sie ihren Wagen zu früh verkauft haben, oder weil sie zu häufig auswärts essen gegangen sind, oder weil sie zu viel Geld für Unterhaltung ausgegeben haben, oder weil sie zu viele wertvolle Kleider besitzen. Luxus zu begehren zwingt sie dazu, Überstunden in ihrem Beruf zu leisten, eine Nebentätigkeit anzunehmen, die Ehefrau zur Arbeit zu schicken, als Student mit schlechten Noten zufrieden zu sein oder Möglichkeiten des Dienstes in ihrer örtlichen Gemeinde zu versäumen. Wenn Prioritäten mißachtet werden, folgt für gewöhnlich der Ärger.

Fünf kleine Wörter stehen wie ein Fels gegen das exzessive Verlangen von Dingen: *Das ist mir zu teuer*. Manchmal können wir uns aus wirtschaftlichen Gründen etwas nicht leisten; es fehlt uns einfach das Geld dazu. Ein anderes Mal können wir uns etwas nicht leisten, weil wir uns andere Prioritäten gesetzt haben. Das Geld stünde vielleicht zur Verfügung, aber der erwünschte Artikel ist von geringerer Priorität gegenüber unserem Verwalteramt vor dem Herrn.

Heute ist Verschwendung eine gängige Sache. Nur wenige Dinge, die wir ablegen, sind auch tatsächlich verbraucht. Ich habe einen Artikel über die Verschwendung gelesen, in dem der Autor die Frage stellte: »Wann hat eine Büroklammer ausgedient?« Diese besondere Anschauung hat mein Gewissen für Büroklammern nicht gerade geschärft, aber es hat mein Gewissen auf andere Dinge gelenkt. Wird Kleidung ausrangiert, weil sie abgetragen ist, oder weil wir glauben, sie sei nicht mehr modisch? Haben wir unser Auto in Zahlung gegeben, weil es so teuer in der Reparatur geworden ist, oder weil wir nach einem neuen Auto verlangen? Warum sollten wir uns Notizblöcke kaufen, wenn der Briefträger uns soviel Werbung ins Haus bringt?

Manches kann ich mir aus geistlichen Gründen nicht kaufen. Wenn es auch erschwinglich gewesen wäre und nützlich, es gibt Dinge, die von dem Kriterium der Gottgemäßheit abweichen. Eine Jahreskarte für die Spiele am Sonntag ist zum Beispiel manchmal ein Hinderungsgrund für den Besuch der Versammlungsstunden. Natürlich kann man die Gemeindestunde einmal versäumen und dennoch geistlich sein. Aber kann man es sich leisten, etwas zu kaufen, von dem man weiß, daß es einen um die Möglichkeiten bringt, sein geistliches Leben zu pflegen?

Plane richtig

Wir müssen richtig planen. Gott zu vertrauen und Pläne zu machen sind keine sich gegenseitig ausschließenden Prinzipien. Jakobus verurteilt es nicht, Pläne zu machen, er tadelt diejenigen Planer, die Gott vergessen (Jak 4,13-15). Paulus erwartete von den Familien, daß sie ihre Geldangelegenheiten planen sollten, um fähig zu sein, sich um ihre Witwen zu kümmern mit einer möglicherweise Jahre andauernden Unterstützung (1Tim 5,4.8). Er hieß es auch gut, wenn Eltern für ihre Kinder Schätze sammeln, sowohl in finanzieller als auch in geistlicher Hinsicht (2Kor 12,14).

Ein Haushaltsbuch ist wichtig für eine gute finanzielle Planung, und doch weigern sich viele, ein solches anzulegen. Es kostet Mühe, ein Haushaltsbuch zu führen, und Disziplin, sich auch daran zu halten. Wie oft sagen Leute: »Ich weiß nicht wo das Geld bleibt.« Im Grunde gibt es aber keine legitimen Ausflüchte dafür, kein Haushaltsbuch zu haben.

(1) Es sollte ein Jahr lang geführt werden und am Ende des Jahres kein Defizit aufweisen.

(2) Überlegen Sie, ob Anschaffungen gegebenenfalls zurückgestellt werden können. Fragen Sie sich, ob es einen Sinn ergibt, den Artikel dreißig, sechzig oder neunzig Tage früher zu haben, wenn Sie dafür durch Ratenzahlung mehr bezahlen müssen. Vielleicht können Sie warten, bis Sie das nötige Geld zur Verfügung haben. Erwägen Sie, größere Anschaffungen zurückzustellen,

bis Sie das ganze Geld dafür tatsächlich zur Verfügung haben oder zumindest soviel, um die Schuldenlast in einem akzeptablen Rahmen zu halten.

(3) Wenn Sie bis über den Kopf in Schulden stecken, muß eine weise Planung Wege aus dem Dilemma aufzeigen. Finanzielle Beratungsdienste weisen gelegentlich darauf hin, daß Kreditkarten entwertet werden sollten, man den Gläubigern einen realistischen Plan zur Rückzahlung unterbreiten und dann auch einhalten sollte. Ohne Kreditkarten sind die Aussichten, diesem Plan zu folgen, weitaus günstiger. Finanzberater bemerken, daß, wenn Sie über 20 Prozent Ihres wöchentlichen, monatlichen oder jährlichen Netto-Einkommens (Hypothekenzahlungen ausgenommen, Autozahlungen inbegriffen) für die Abzahlung von Schulden verwenden, Sie dann gefährlich überlastet sind.

Wenn Sie wollen, behalten Sie eine nationale Kreditkarte, aber verwenden Sie sie nicht, wenn Sie versuchen, Ihre Schulden zurückzuzahlen. Wenn Sie die Schulden getilgt haben, gebrauchen Sie sie fortan nur noch gelegentlich, damit Ihr Konto ausgeglichen bleibt. Benutzen Sie persönliche Schecks, um auf der Ebene des Barkaufes zu bleiben. Die Bank wird dann Ihr Wachhund werden, der Sie daran hindert, daß Sie Ihr Konto überziehen. Drastisch? Mag sein, aber es funktioniert, wenn es um die Finanzen schlecht steht, und es ist eine nützliche Übung, wenn die Finanzen in Ordnung sind.

Der geistliche Gewinn wird immens sein. Der Schrift wird Gehorsam geleistet, für das Reich Gottes werden Gaben gesammelt, Zufriedenheit stellt sich ein und Spannungen werden abgebaut.

13 Die Frage nach Alkohol und anderen Drogen

Als mein Weg als Lehrer begann, da schien es mir, daß viel mehr bekennende Christen rauchten als tranken. Obwohl ich diese Aussage auch nicht statistisch belegen kann, so ist dies doch mein persönlicher Eindruck. Wo immer ich über diese für Gläubige strittigen Angewohnheiten sprach, mußte ich mit der Behauptung, daß das Konsumieren von Tabak falsch sein könnte, vorsichtig sein, einfach weil so viele rauchten. Damals kursierte sogar ein Witz, der folgendermaßen lautete: Man kann wirklich sagen, daß diese Gemeinde brennend ist - sieh dir nur all die Leute an, die in den Pausen rauchen!

Das war allerdings vor der aggressiv geführten Aufklärungskampagne über das Rauchen seitens der Ärztekammer und den sich immer mehr anhäufenden Beweisen dafür, daß das Rauchen durchaus das Leben gefährden kann. Heute ist mein Eindruck der, daß viele bekennende Christen Alkohol trinken anstatt zu rauchen. Manche sind allerdings auch durch die Einnahme anderer Drogen in Abhängigkeit geraten. Nochmals betone ich, daß ich keine Statistiken habe, dies zu beweisen, aber wenn Gläubige miteinander essen gehen oder sie sich gegenseitig besuchen oder man durch das Land reist, so sieht man, daß dies der Fall zu sein scheint.

Das alles geschieht in einer Zeit, wo die öffentliche Aufmerksamkeit vermehrt auf die verheerende Wirkung von Drogen gerichtet ist. Warum wird Alkohol nicht mit anderen

Drogen gleichgesetzt? Alkohol ist die am meisten verbreitete Droge und wird heute gefährlich mißbraucht. Wir betrachten Alkohol getrennt von anderen Drogen und denken, daß ein vernünftiger Umgang damit keine bedeutenden körperlichen, sozialen oder geistigen Schäden hinterläßt.

Alkohol ist eine gefährliche Droge

Menschen sind auf vier verschiedene Art und Weise zum Alkoholgebrauch eingestellt. (1) Manche trinken überhaupt nichts. (2) Einige experimentieren damit - experimentelle Trinker. (3) Andere trinken zu gesellschaftlichen Anlässen, und (4) manche sind abhängig und trinken, weil sie Probleme haben. Einige bewegen sich allmählich von einer Kategorie zur nächsten, andere steigen hingegen von Nichttrinkern direkt in den Mißbrauch ein.

Daß Alkohol eine Droge ist, steht außer Frage. Seine toxischen Auswirkungen sind gut bekannt. Sie verursachen bleibende körperliche Schäden. Hohe Dosierungen können plötzlich den Tod herbeiführen, ebenso wie ein fortwährender Gebrauch den Tod bewirken kann.

Unglücklicherweise glauben die, die aus sozialen Gründen trinken, daß sie niemals in die Kategorie der Problem- oder abhängigen Trinker rutschen werden. Sie sind davon überzeugt, daß sie niemals Alkoholiker werden. Das, so denken sie, passiert nur anderen. Tatsache aber ist, daß, wenn zwölf Leute über einen Zeitraum von zehn Jahren trinken, einer zum Alkoholiker und drei weitere zu Problemtrinkern werden. Die Leute rutschen von einer Kategorie in die andere, manchmal ohne daß sie es merken.

Nach Krebs und Herzversagen ist Alkohol die dritthäufigste Todesursache in den USA. Betrunkene Autofahrer verursachen jährlich die Hälfte aller schweren Autounfälle. Alkohol ist ebenso für Tausende von Selbstmorden und Tote durch Ertrinken verantwortlich zu machen. 1989 wurde die Zahl der Alkoholiker in Amerika auf nahezu 20 Millionen geschätzt. Erwiesenermaßen ist Alkohol eine gefährliche Droge.

Alkohol hat ernste Folgen

Die Folgen von Alkohol auf den Körper sind zahlreich und schwerwiegend. Gehirnzellen werden verändert, die Erinnerung wird ausgeschaltet, Sinne werden betäubt und die körperliche Koordination beeinträchtigt. Alkohol kann Blutungen im Magen-Darmbereich auslösen und die Degeneration des Herzmuskels verursachen. Ebenso kann das Immunsystem empfindlich in seiner Funktion gestört werden. Mehr als jedes andere Organ ist jedoch die Leber von schädlichen Auswirkungen betroffen, was häufig zur Zirrhose führt und mit dem Tod endet.[88]

Die negativen Auswirkungen von Alkohol auf die Gesellschaft sind enorm. Die jedes Jahr durch Alkoholkonsum verursachten Kosten belaufen sich in Amerika auf über 100 Billionen Dollar. Das bezieht Verluste in der Produktion von Gütern und von Diensten ein, Kosten im Gesundheitsbereich, Unfälle von Motorfahrzeugen, Kosten für Sozialhilfe und Schäden durch Gewaltverbrechen. Man sollte bedenken, was alles für andere soziale Probleme getan werden könnte, wenn dieses Geld dort zum positiven Einsatz gebracht werden könnte. Allein das Getreide, das in Amerika jährlich zur Herstellung alkoholischer Getränke verwendet wird, würde ausreichen, um mindestens 20 Millionen Menschen ein Jahr lang zu ernähren. Wenn wir dieses Getreide für die in der Welt in Hungergebieten lebenden Menschen zurückgewinnen könnten, dann könnte ein grundlegendes Nahrungsmittel zur Erhaltung von Leben anstatt zu seiner Vernichtung genutzt werden.

---

88 Time, 30. November 1987, S. 83.

Alkohol hat nachteilige Folgen für das Familienleben. Im Durchschnitt leiden vier Personen darunter, wenn einer in der Familie Alkoholiker ist. Eine kürzlich herausgebrachte Studie zeigte, daß an der Brust gesäugte Kinder von Müttern, die während der Stillzeit mindestens ein alkoholisches Getränk am Tag zu sich nahmen, eine schlechtere Entwicklung im motorischen Bereich zeigten als Kinder, deren Mütter während der Stillzeit nicht tranken.[89]

Erwachsene Kinder von Alkoholikern, die schmerzhafte Erinnerungen an ihre Kindheit haben, können körperlich und emotional nachteilig betroffen sein.

Alkohol betrügt Familien auf vielfältige Weise. Manche Eltern, die ihr Kind von Alkohol berauscht vorfinden, sind geneigt zu sagen: »Nun, wir sind froh, daß es nur Alkohol war und nicht Kokain.« Was hinter solchen Bemerkungen steht, ist nur zu deutlich. Das Fernsehen trägt mit zu der Meinung bei, daß Sport und Alkohol irgendwie zusammengehören. Andere Werbung sagt jungen Leuten, sie sollen lernen, »verantwortlich« zu trinken - was auch immer das heißen mag. Die Zahl der alkoholbedingten Unfälle und Schicksalsschläge belegen, daß solche Hinweise nur geschickte Verführungen sind. Fast jeder Unfall oder Schicksalsschlag trifft eine Familie.

Die Leute diskutieren oft darüber, ob der Alkoholmißbrauch eine Krankheit ist oder ein moralisches/geistliches Problem. 1956 hat die Amerikanische Gesellschaft für Medizin Alkoholismus als eine Krankheit anerkannt. Diese Entscheidung bestürzte manche Christen, die befürchteten, daß der moralische Gesichtspunkt des Alkoholismus ignoriert würde. Einige bestehen darauf, daß Alkohol keine Krankheit, sondern eine Sünde ist. Im Grunde ist beides richtig. Weil Krankheit »eine Verschlechterung des Normalzustandes bedeutet, die die Leistungskraft lebenswichtiger Funktionen beeinträchtigt«, qualifiziert sich der Alkoholismus als Krankheit. Weil Moral bedeutet, »die Prinzipien von richtigem und falschem Handeln zu erkennen«, gehört Alkoholismus zu den moralischen Problemen, sogar für die, die keiner christlichen Ethik folgen. Einen Alkoholiker zu entgiften, ist keine Garantie dafür, daß er oder sie fortan nie wieder trinken werden. Diese Wahl obliegt der individuellen Entscheidung und bedarf einiger moralischer Festigkeit. Eine Behandlung muß beide Aspekte des Problems berücksichtigen.

Andere Drogen

Marihuana wird die »Einstiegsdroge« genannt, weil sie häufig zum Gebrauch von »harten« Drogen führt. Es bewirkt für einige Stunden einen Zustand der Euphorie, aber es kann auch das Kurzzeitgedächtnis verschlechtern und die Fähigkeit vermindern, Tätigkeiten auszuführen, wie etwa das Fahren eines PKW. Weil die Benutzer versuchen, den Rauch so lange wie möglich in ihren Lungen zu halten, werden auch die Lungen geschädigt.

Die Häufigkeit des Gebrauchs von Marihuana, besonders unter jungen Leuten, ist alarmierend. Eine kürzlich im freien Schulbezirk von Dallas durchgeführte Meinungsumfrage ergab, daß achtzehn Prozent der Achtklässler, dreiundzwanzig Prozent der Schüler der zehnten Klasse und vierundzwanzig Prozent der Schüler aus der zwölften Klasse zugaben, in den vergangenen dreißig Tagen Marihuana geraucht zu haben. Dieselbe Umfrage zeigte, daß 32 Prozent der Achtklässler, 43 Prozent der Schüler der zehnten Klasse und 54 Prozent der Schüler aus der zwölften Klasse in den vergangenen dreißig Tagen Alkohol getrunken hatte.[90]

Kokain kann geschnüffelt, geraucht oder injiziert werden. Es bringt einen dazu, sich stärker, klüger, attraktiver und besser zu fühlen als sonst irgendwer. Wenn der Rausch aber abklingt, brechen die entgegengesetzten Gefühle herein, die den Konsumenten zu einem erneuten Gebrauch veranlassen. Die Einnahme von Kokain kann zu besonders schlimmen Herzanfällen führen, unabhängig davon, ob der Benutzer

89 The Bottom Line, 15.April 1990, S. 9.

90 Dallas Morning News, 23. Januar 1990, Public Service Section.

schon vorher an einer Herzkrankheit litt. »Crack« ist eine besonders harte Form von Kokain (Einnahme durch Rauchen), das die Gefahren von Kokain verschärft, weil es so rasch aufgenommen wird und besonders abhängig macht.

Eine Studie von 1990 berichtet, daß es 2,2 Millionen schwere Fälle von Kokainabhängigkeit in den Vereinigten Staaten gibt. Das ist fast einer von jeweils hundert Amerikanern. Diese Statistik schließt die Konsumenten von Crack mit ein.

Andere Drogen wie »Angel Dust«, »Extasy« und »Ice« verwüsten das Leben vieler Benutzer und bringen Gewalttätigkeit in die Gesellschaft hinein, in der sie arbeiten und leben.

Was die Bibel sagt

Bedauerlicherweise gehen Gläubige wie Ungläubige Drogen in die Falle. Die medizinischen Aspekte der Verstrickung und Loslösung, sind natürlich für beide gleich. Die moralischen und geistlichen Effekte des Drogenkonsums sollten zwingend genug sein, den Gläubigen vor einem Drogenkonsum zu bewahren. Aber der Wille im Menschen ist stark, denn selbst wenn Gläubige wissen, was sie tun und was sie lassen sollten, tun sie häufig genau das Gegenteil.

Das englische Wort *pharmacy* (deutsch: *Pharmazie*) wird von einem griechischen Wort abgeleitet, das soviel wie Zauberei oder Hexenkunst und den Gebrauch von Arzneitrank bedeutet, Gifte eingeschlossen. Im Brief an die Galater verurteilt Paulus »Pharmazie« zusammen mit Götzendienst, Ausschweifung und anderen Sünden, die von der sündhaften Natur des Menschen herstammen (Gal 5,19-21). In den kommenden Tagen der Trübsal werden Menschen fortfahren, »Pharmazien« zu nutzen (Offb 9,21). Das kommerzielle System der Welt wird während dieser Zeit Handelsverkehr für »Pharmazie« einschließen (Offb 18,23). So scheint es, daß der Mißbrauch von Drogen bis zum zweiten Kommen Christi üblich sein wird.

Ein Gläubiger sollte aus mehreren Gründen nicht zur Drogenszene gehören.

(1) Wie oben angeführt gehört der Gebrauch von Drogen zu einer Kategorie von Sünden, die von der sündhaften Natur des Menschen abstammt und schlichtweg falsch ist.

(2) Jeder Gebrauch von illegalen Drogen bedeutet, daß der Gläubige der Lehre des Neuen Testamentes ungehorsam ist, die Gesetze seines Landes, unter denen er oder sie lebt, zu halten (Röm 13,1-5; 1Petr 2,13-17).

(3) Die abhängig machende Wirkung von Drogen, selbst wenn sie erlaubt wären, läßt ihren Gebrauch in Konflikt geraten zu dem, was Paulus im 1. Korintherbrief sagt, er wolle sich von nichts beherrschen lassen (6,12).

(4) Der Mißbrauch von Drogen kann leicht dazu führen, daß andere Gläubige beim Fortschreiten in ihrer geistlichen Entwicklung zu Fall kommen. Jede Handlung aber, die so etwas bewirken könnte, sollte aus dem Leben des Gläubigen entfernt werden, der um das geistliche Wohl der anderen Gläubigen besorgt ist (1Kor 8,13).

(5) Christusgleichheit ist das Ziel jedes Gläubigen. Können Drogen, bei aller Vorstellungskraft, Christusgleichheit fördern?

Wie steht es aber um den Gebrauch von Alkohol?

Selbst wenn man mit allen oben genannten fünf Punkten vollkommen übereinstimmt, tritt für gewöhnlich die Frage auf: Wie steht es aber um den Alkohol? Erlaubt denn die Bibel nicht, daß man ihn in Maßen zu sich nehmen kann?

Das Neue Testament lehrt deutlich, daß Trunkenheit eine Sünde ist (Gal 5,21; Eph 5,18). Ein Gläubiger soll keinen Umgang haben mit bekennenden Christen, die Trunkenbolde sind (1Kor 5,11). In diesem Vers erscheint Trunkenheit zusammen mit Unzucht, Götzendienst und Lästerung, alle von ihnen, Trunkenheit inbegriffen, sind so schwerwiegend, daß der Umgang mit solchen Menschen verboten wird.

Das Alte Testament warnt vor dem Mißbrauch von Wein und starkem Getränk. »Wein« bezieht sich auf den gegorenen Saft der Traube, wohingegen das »starke Getränk« jedes berauschende Getränk bedeutet, das meist aus Gerste gemacht wird. *»Wein ist ein Spötter, starkes Getränk ein Lärmer«* (Spr 20,1). *»[Wein] beißt wie eine Schlange und speit Gift wie eine Viper«* (Spr 23,32). Er kann auch zur Armut führen (Spr 21,17). Jesaja warnt vor solchen, die starkem Getränk nachjagen und *»bis spät am Abend aufbleiben, daß der Wein sie erhitze«* (Jes 5,11). Micha schilt seine Zeitgenossen, weil sie lieber falsche Propheten hören, die Wein und starkes Getränk gutheißen (2,11).

Die Priester durften keinen Wein oder starkes Getränk zu sich nehmen, wenn sie ihren Dienst im Zelt der Begegnung verrichteten (3Mo 10,9). Diejenigen, die das Gelübde eines Nasiräers gelobt hatten, um ihrem Gott geweiht zu sein, durften während der Zeit ihres Gelübdes weder Wein noch starkes Getränk trinken (4Mo 6,3-4).

Der Wein fand natürlich auch einen nützlichen Gebrauch: die Leiden derer abzumildern, die im Sterben oder im Elend lagen (Spr 31,5). Paulus drängte Timotheus dazu, wegen seiner körperlichen Gebrechen etwas Wein zu trinken (1Tim 5,23). Daß Paulus Timotheus solches riet, legt nahe, daß Timotheus bis zu diesem Zeitpunkt noch keinen Wein getrunken und in vollkommener Abstinenz gelebt hatte. Der barmherzige Samariter goß Wein auf die Wunden dessen, der unter die Räuber gefallen war, um sie zu reinigen (Lk 10,34).

Um zusammenzufassen: Beide, das Alte und das Neue Testament sprechen über den erlaubten und unerlaubten Gebrauch von Alkohol.

Alkohol und die Voraussetzungen für Führungsaufgaben in der Gemeinde

In der Liste der Voraussetzungen zum Dienst als Älteste und Diakone beziehen sich die folgenden Aussprüche auf das Thema Alkohol. Älteste sollen »genügsam« sein (*nephalion*, 1Tim 3,2) und »dem Wein nicht ergeben« (*me parionon*, 1Tim 3,3 und Tit 1,7). Diakone dürfen nicht »vielem Wein ergeben sein« (*me oino pollo prosechontas*, 1Tim 3,8) und so sollen auch die Frauen (wahrscheinlich die Frauen der Diakone) »genügsam« (*nephalion*, 1Tim 3,11) sein.

Das Wort *nephalion* bedeutet etymologisch weinlos, sich vom Wein vollkommen zu enthalten. Außerhalb des Neuen Testamentes bezieht es sich auch auf Altäre, auf denen nur weinlose Gaben dargebracht wurden und Gebackenes, das ohne Wein gebacken wurde. In einem weiteren Sinn bedeutet es auch, nüchtern und im Vollbesitz seiner Fähigkeiten zu sein. An dieser Stelle schließt es Nüchternheit in einem umfassenderen Sinn von Urteilsvermögen und Lebensauffassung ein, ohne jedoch die Bedeutung von »weinlos« auszuschließen. Mit anderen Worten ist eine Voraussetzung für den Dienst als Ältester und Diakon die Nüchternheit im Urteil, die den Verzicht auf Wein voraussetzt.

»Nicht vielem Wein ergeben« (*paroinon*) heißt wörtlich übersetzt »nicht Seite an Seite« mit dem Wein zu sein. Zusätzlich zur Bedeutung, nicht lange neben dem Wein zu sitzen, heißt es auch, keine Feiern zu besuchen, auf denen viel Wein getrunken wird, um nicht schamlos zu reden oder zu handeln. Dies legt nahe, daß ein Ältester weder ein Trinker sein darf, noch an Veranstaltungen teilnehmen soll, bei denen Wein getrunken wird.

Diakone dürfen »nicht vielem Wein ergeben sein«. Der Gedanke des Nicht-ergeben-Seins bedeutet, dem Wein keine Aufmerksamkeit zu widmen oder ihm zuzustimmen. Diakone dürfen dem Wein keine Beachtung zukommen lassen oder ihr Interesse darauf richten.

Was bedeutet dies im Hinblick auf den Verzehr von Alkohol bei leitenden Mitarbeitern in der Gemeinde?

(1) Das einzige Getränk, das bei den Voraussetzungen erwähnt wird, ist Wein. Der Verzehr von stärkeren Getränken scheint sich vollständig zu verbieten.

(2) Höchstwahrscheinlich hatten die Ältesten Wein gegenüber vollkommen enthaltsam zu sein. Das würde mit der Abstinenz des Timotheus übereinstimmen, bis er Wein aus medizinischen Gründen benötigte. Gewiß sollten die Ältesten den Wein nicht mißbrauchen oder Veranstaltungen besuchen, wo Leute dem Wein sehr zugeneigt sind.

(3) Offensichtlich konnten Diakone etwas Wein zu sich nehmen, solange sie ihn nicht mißbrauchten und würdigem Respekt gemäß lebten (1Tim 3,8).

Wein zur Zeit des Neuen Testamentes

Der Wein, den man zur Zeit des Neuen Testaments trank, wurde hochgradig mit Wasser verdünnt und hatte nicht dieselbe Stärke wie der Wein unserer Tage. Wenn es eins zu eins gemischt war, galt die Mixtur als starkes Getränk. Der Wein, der heute verwendet wird, wäre damals eindeutig als starkes Getränk angesehen worden. Nur »Barbaren« tranken den Wein unvermischt. Die Rationen von Wasser und Wein variierten von eins zu eins bis zu zwanzig zu eins. Der Durchschnitt lag ungefähr bei drei Teilen Wasser zu einem Teil Wein.[91]

91 Robert H. Stein, Wine-Drinking in New Testament Times, Christianity Today, 20. Juni 1975, S. 9-10.

92 »The Effects of Alcohol«, Time, 22. April 1974, S. 77.

Alkoholische Relationen

Zu sagen, man trinke nur Bier oder Wein, um anzudeuten, daß es damit ausgeschlossen sei, ein Problemtrinker oder Alkoholiker zu werden, ist ein Selbstbetrug. Hier sind die Relationen: Zwei Flaschen Bier oder 160 ml gewöhnlichen Weines oder ein Cocktail erhöhen den Alkoholspiegel im Blut um denselben Gehalt.[92]

Wenn man diese Zahl mit dem Faktor drei multipliziert (sechs Flaschen Bier, 480 ml Wein, oder drei Cocktails), dann wäre der Konsument in einigen (Bundes-) Staaten (USA) nach dem Gesetz betrunken.

Was soll ein Christ tun?

Hier sind einige Dinge zu bedenken.

(1) Gläubige tranken zur Zeit des Neuen Testaments mit Wasser vermischten Wein.

(2) Der Wein war mit Bestimmtheit gegoren.

(3) Der alkoholische Gehalt von heutigem Bier, Wein oder Cocktails liegt über dem im Neuen Testament gesetzten Maß für starke Getränke, deren Genuß verboten war.

(4) Diakonen wurde der Verzehr von vermischtem Wein in vorsichtigen Maßen nicht verboten.

(5) Der gesamtgesellschaftliche Schaden hinsichtlich persönlicher Schicksalsschläge und wirtschaftlicher Einbußen, die durch alkoholische Getränke verursacht werden, ist enorm.

(6) Betrunkenheit ist in der Bibel verboten.

(7) Die Chancen, ein Problemtrinker oder ein Alkoholiker zu werden, sind ungefähr eins zu drei.

(8) Das Konsumieren von Alkohol oder anderer Drogen kann abhängig machen. Gläubige sollen sich in nichts verstricken, was abhängig macht (1Kor 6,12).

(9) *»Es ist gut, kein Fleisch zu essen, noch Wein zu trinken, noch etwas zu tun, woran sich dein Bruder stößt«* (Röm 14,21). Vor anderen Gläubigen zu trinken, birgt stets das Risiko in sich, jemand anderen an seinem geistlichen Wachstum zu hindern, da dieser sich dadurch ermutigt fühlen könnte, auch etwas zu trinken. Diese Person könnte ein Alkoholiker werden. Die Bekanntschaft der Familie eines Alkoholikers, der ein Gläubiger ist, genügt, um zu erkennen, das es das Risiko nicht wert ist. Wie es mit dem Essen von den Götzen geopfertem Fleisch ist, das andere zu Fall bringen kann, so ist es auch hier die beste Absicherung, nichts zu trinken, aus Sorge, jemand könne dadurch zu Fall kommen (1Kor 8,13). Niemals wird Abstinenz zum Alkoholismus führen.

Wie steht es aber um den gelegentlichen gemeinsamen Trunk mit einem Ungläubigen, um die »Barrieren abzubauen«? Die angenommene Notwendigkeit, so etwas tun zu müssen, wird weithin überschätzt, denn (1) erwarten Ungläubige von Gläubigen, daß sie andere Maßstäbe haben und (2) akzeptiert unsere Gesellschaft ohne weiteres die Aussage »Danke, aber ich trinke nicht« und (3) wenn ein Gläubiger sich an so etwas gewöhnt, könnte er dabei zu Fall kommen.

Um zusammenzufassen: Warum sollte man nicht das Gute tun, das heißt, sich zu enthalten um des eigenen Leibes, des Wachstums anderer und um des gesellschaftlichen Nutzens willen?